和自己在一起

後疫情時代的孤獨

葉雅馨——總編輯

目錄

和自己在一起——後疫情時代的孤獨

出版序 追本溯源，對症下藥

文／**張博雅**（董氏基金會董事長）

肆虐全球已近兩年的新冠肺炎疫情，近一年來，因爲疫苗的施打及戴口罩、勤洗手觀念的建立，重症患者比例已有減少。當然，它仍是不可輕忽的傳染病，但我們已知基本的因應之道，相較於疫情爆發初期，很多人因爲不了解症狀及傳染力，將它與感冒、一般肺炎混淆，延誤了被篩檢出來及治療的黃金時間，至今每個人都已充滿警覺，具備基本的檢視標準，若發現不對勁，能立即獲得妥善安置。顯然地，當我們能充分認識疾病的根源、症狀與影響性，也就建構了基本的處理能力，能預防疾病的發生、或減少疾病的惡化程度。

然而，有外顯症狀的生理疾病都有辨識上的難度，遑論看不到症狀的精神健康問題！這兩年來，除了對新冠病毒疫情擴散的擔憂，由於封城、隔離、社交距離等防疫措施的實施，許多學者專家提醒，「孤獨」會成爲另一種流行病，是一項極需關注的重大公共衛生議題。一項針對美國、英國和日本成人所進行的「孤獨」和「社會孤立」的調查指出：感到孤獨的人較容易有健康以及財務問題；另外，有十分之三感到孤獨的人表示，孤獨讓他們有自傷的念頭。越來越多的研究證據顯示，孤獨會提高壓力荷爾蒙，造成身體發炎症狀，罹患心臟病、關節炎、糖尿病、失智症的機率因而增加。另外，孤獨也與憂鬱、焦慮、甚至自殺有高度關聯。心理學雜誌中發表的一篇研究更指出，經常性感到孤獨，會縮短26%的壽命。世界衛生組織也提出呼籲要重視孤獨對身心健康所造成的危害，因此，例如英國在2018年即設立「孤獨大臣」一職負責統籌因應孤獨的策略。日本2021年也設置了「孤獨事務大臣」。

雖然有越來越多國家開始重視孤獨對民眾身心健康、對大環境造成的影響，積極擬定相關策略因應，但是，大多數民眾對於孤獨概念仍是模糊的，分不清孤獨、社交孤立或獨處之間的差異，也不了解孤獨雖是一種主觀感受，長期孤獨是導致自殺、藥物濫用和重度憂鬱症的重要因素，是許多身心疾病的「源頭」。

從推動憂鬱防治工作累積二十二年的經驗中，我們深知，要預防心理疾病的發生，民眾需先對此議題有清楚的認知，了解癥狀、影響性與防範方式，能減少碰壁摸索的時間。因此，我們特別出版《和自己在一起——後疫情時代的孤獨》一書，藉由彙整國內外與孤獨有關的文獻資料，訪問不同領域專家由他們提供建議，讀者可以解開所有關於孤獨的疑慮、與身心疾病的關連性，藉此也能反思自己身心處於甚麼狀態之下，是否深受孤獨影響。

新冠肺炎疫情的終結，似乎還看不到盡頭，但是，我們可以透過自己的能力，終結另一種現代流行病——「孤獨」，追本溯源地了解這個感受的發生原由、學習怎麼轉換或與其好好共處，後續亦能避免其他身心疾病的發生。

孤獨不是一種疾病，卻與許多身心疾病有關連，甚至可能是導因之一。追本溯源，我們就能找到解方以對症下藥。

策畫序 一 獨居而不孤獨

文／朱英龍（前臺大機械系教授、董氏基金會心理健康促進諮詢委員）

根據內政部不動產資訊平台2021年10月發布的資料顯示，在台灣，六十五歲以上的獨居宅已達四十七點七萬，以目前老年人口三百八十萬推估計算，約13%的老年人爲獨居，換言之，至少每十位長者中有一人獨居。獨居長者的身心照顧議題也因此漸被關注。但是，獨居長者一定與失能、疾病及孤獨畫上等號嗎？答案當然是否定的。根據《Our World in Data》網站發布資料指出，瑞士和丹麥兩個國家的老人孤獨感最低，他們卻是老人獨居率最高的國家；著重個人主義的富裕國家（如：北歐國家），獨居者的親友支持率並沒有比較低。

我今年八十五歲了，獨居生活超過二十多年，但是我沒有因此覺得自己是孤獨的。參與公益、禪修、教學、探訪兒孫或他們來訪、朋友相聚等等，與社會的連結沒有中斷過，生活感受只有充實。我想，自己的情境也是印證了本書所述關於孤獨的定義，孤獨是一種主觀感受，不是外在環境造成的。

雖然孤獨是種主觀感受，個人能選擇是否要陷入孤獨情境的能力，也因爲如此，很多人會輕忽它長期影響生活的深度與廣度，也不了解很多身心疾病的產生與孤獨有關連。董氏基金會出版《和自己在一起——後疫情時代的孤獨》，除了要喚起大衆對孤獨議題的重視，同時也要澄清對孤獨的許多迷思，例如，並不是獨居老人就一定是孤獨的，年輕族群也有強烈的孤獨感；不是獨處、離群而居就會孤獨，即使身在人群中也會產生孤獨感；有人會透過上網與他人互動排解孤獨、或是因爲感覺孤獨而靠吃來填補空虛，然而這與孤獨感受是互爲因果的惡性循環。同時，隨著超高齡社會的來臨，每五人就有一人是六十五歲以上長者，本書也提供許多實用建議，如何辨識高齡長者的孤獨及如何協助他們避免因爲孤獨而造成身心疾病，例如憂鬱和失智的風險。

長期以來，我都維持著入寺禪修的習慣，進行時間往往一次就要七天、十天或是更久，這個過程也是一種獨處，只有和自己對話，雖然看似缺少與社會、人際的連結，表面看起來是孤獨，但是獲得了自己的時間與空間，不因爲外力而分心，我從過程中能檢視自己的狀態，學習了保持安穩沉靜，也從紛擾的生活中充實了內在能量。我相信，只要精神上不中斷與他人的連繫，或自我疏離，阻隔與外界的溝通互動，不論獨居或是獨處，高齡者的生活依然可以不孤獨。

推薦序一 後疫情時代的連結

文／**姚思遠**（董氏基金會執行長）

新冠肺炎疫情的蔓延，對世界各國而言，不只是造成生命的損害及經濟的損失，疫情發生前就被視爲重大公共衛生問題的「孤獨」，隨著防疫採取的相關措施，變得更嚴重，也讓許多人的心理健康狀況更加惡化。根據美國一項由非營利組織美國退休者協會、聯合健康基金會共同進行的調查指出，新冠肺炎疫情加劇了孤獨和社交孤立的情形，同時也帶來嚴重的健康和情緒相關疾病。調查結果顯示，66%的受訪者表示在疫情期間焦慮感增加；而五十歲以上受訪對象中，將近三分之一的女性表示，在疫情期間長達一到三個月沒有與家庭或工作場所以外的人互動。另一項由梅約醫學中心進行的研究結果也顯示，「社交隔離」雖然減緩了新冠病毒的傳播，但也危害了個人的心理健康和幸福感；在疫情期間，朋友之間的連結下降，孤獨感顯著增加。歐盟委員會2021年也進行一項調查，結果發現歐盟成員國十八至二十五歲青年中有35%在疫情下感到孤獨，較2016年高四倍。

我們經常會使用孤獨、獨處、社交孤立等作爲表述情緒感受和個人狀態的詞彙，但是，對於箇中差異與影響卻是一知半解，也很少人會想到這些感受、狀態會與身心健康有關連、甚至會影響壽命長短。隨著社會狀況的演進變化及新冠肺炎的疫情傳播，人與人、人與社會的連結互動方式有了顯著改變，而孤獨死案例的頻傳，才使「孤獨」問題日趨漸受到重視，許多學者進一步去探討孤獨怎麼形成、孤獨與身心疾病的關聯性、爲什麼會影響我們的身心健康？會造成生活及社會的改變有哪些？當然，也關注於孤獨現象是否會成爲一種「流行」，怎麼避免其所帶來的負面影響。

對於這個日漸普及的孤獨現象，我們每個人都需要進一步去良性的了解「孤獨」。不論甚麼年紀與性別，我們都可能經歷過孤獨的感覺，但是如果任其發展，絕對會對身心健康有深遠影響。《和自己在一起——後疫情時代的孤獨》有系統地介紹「孤獨」，解釋了避免孤獨原本是與生俱來的生存機制，但它也會成爲所有精神疾病的核心；書中也澄清了孤獨與孤立、獨處等狀態的不同，並提供檢視孤獨感受的測量工具、會引發孤獨的高風險因子和容易感到孤獨的族群有那些。同時，本書也提供了要避免慢性孤獨，在生活中怎麼覺察與建立、鞏固與他人和社會間有意義的連結。

如同書中所述，「當孤獨逐漸被當成疾病並嚴陣以對時，讓人好奇的是，人們是否學會從探究「孤獨」的感受中去了解自己內在更深層的恐懼和需要？當社會型態不斷的改變時，人們是否學習到新的方式去因應隨之而來的人際互動變化，與調適自我的方式？」從本書內容，我們能更認識與覺察孤獨、並藉由應用書中介紹的策略及方案，讓我們在陷入孤獨困境「之前」，嘗試學會自助與助人。

因應後疫情時代的孤獨現象，我們都要學著敞開自己的「心眼」，不論形體上或是空間上是否受限，只要與他人、與社會的連結沒有斷裂，即使獨處也不會感到孤獨。

1

關於孤獨

1／1
從 Oneliness 到 Loneliness

撰文／黃嘉慈

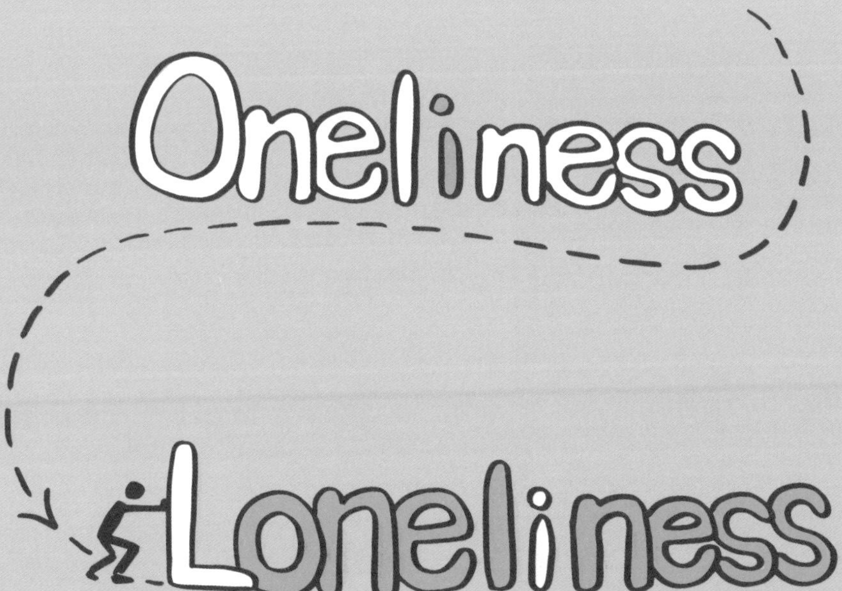

對你來說，孤獨是種高度警惕狀態？遠離居所，和他人的空間隔離？還是悲傷欲絕、無依無靠的感受？

德國精神科醫師 Frieda Fromm-Reichmann 指出，孤獨似乎是一種痛苦、令人害怕的經驗，人們會做任何事來避免它。孤獨幾乎是所有精神疾病的核心。

一個九歲女孩告訴我，孤獨是一種「隱形」（invisible）的感覺，譬如說在下課時間一群朋友朝你走過來，卻看都沒有看你一眼；譬如說路邊的遊民，即使身邊有許多來來往往的人，卻從來沒有人會去跟他說話——就是一種你明明都在，可是別人卻都好像當你不在的感覺。

小女孩說，這種覺得自己好像是「隱形的」孤獨感，會發出一種尖銳、刺人耳膜的哀號聲……。

小女孩的描述讓我想起挪威表現派畫家愛德華．孟克（Edvard Munch）的畫作《吶喊》中的主角，似乎這種被他人忽視的挫折與憤怒，以及懷疑自己是否存在的焦慮，在體內翻滾宛如沸騰的熔漿，必須經由吶喊釋放出來……。

避免孤獨是種生存機制

1878年在美國費城的動物園中，一隻來自西非的雄猩猩哀悼著牠唯一來自同鄉的夥伴，一隻母猩猩的死亡。一直以來牠們總是形影不離，非常親密。當雌猩猩死後，雄猩猩守著屍體嘗試喚醒牠，在了解雌猩猩不會回來之後，牠開始拔自己頭上的毛、哀號、衝撞欄杆，最後將頭埋在牆角的稻草……呻吟……。根據該動物園負責人亞瑟（Arthur E. Brown）的記錄，當雌猩猩活著時，牠們爲了能相擁入眠而改變睡在高處的習慣，一起擠在地板的毯子裡。然而，在失去雌猩猩之後，雄猩猩又回到牠原始的習慣，總是睡在籠子頂部的橫樑上。這可能是因爲**牠感到孤獨，而對於看不見的危險更加憂慮**。

同樣是靈長類動物，人類也需要一個親密、安全的社會團體或家，才能生存與發展。神經科學家就認爲「孤獨」是一種高度警惕的狀態，起源於我們的祖先狩獵採集的生存歷史：因爲在大自然中，落單即意謂著遇到危險，或在遭遇其他動物追捕時會是孤立無援的。**爲了獲得更多的幫助，孤獨的感受會幫助我們去接近人群。所以說「避免孤獨」也是一種生存機制。**

然而，「孤獨博士」約翰．卡西奧波（John Cacioppo）提醒我們，**若我們長期因孤獨而處在過度警覺的狀態中，便會衍生出與孤獨有關的焦慮感。**

孤獨：Oneliness – Loneliness

你或許不知，「孤獨（Loneliness）」這個詞在十七世紀時仍少有記載。1674年，博物學家約翰・雷（John Ray）將「孤獨」這個詞編入不常使用的詞彙表中，其定義爲：遠離鄰居的地方和人。英國史學家費伊・邦德（Fay Bound Alberti）也表示，在十八世紀時，「孤獨」這個詞幾乎不存在，有一個字「Oneliness」是用來描述「單獨」的狀態，但其中沒有情緒的意涵。直到十九世紀，因爲人們對於不同形式的「單獨」狀態有了更多的思考而帶動了「孤獨（Loneliness）」這個新語詞的發展。我們從維多利亞女王（Queen Victoria）在日記中對死去的丈夫阿爾伯特親王（Albert, Prince Consort）的悼念，便可略窺當時的人對於「孤獨」這個詞的想法。女王提到自己：「絕望……孤身一人，處於極大的痛苦之中，每天都覺得自己的孤獨不斷的增加。」由此可知，在當時，「孤獨」一詞已經與悲傷欲絕、無依無靠的感受有所連結。

孤獨是許多疾病的根源

由於精神病學和心理學專業強調「獨處」中的病態，而讓「單獨（Oneliness）」這個詞更迅速地被「孤獨（Loneliness）」所取代。

1910年，瑞士精神科醫師和精神分析師卡爾・榮格（Carl Gustav Jung）提出「內向型」與「外向型」性格。在當時個人主義抬頭、野心勃勃的西方世界中，外向型性格比內向型性格更被推崇，人們認為自信、善於社交的外向性格者，比害羞、不擅社交的內向性格者，在心理上更為健康。1950年代末期，對孤獨作深入研究的德國精神科醫師弗里達・弗羅姆（Frieda Fromm-Reichmann）指出，孤獨似乎是一種痛苦、令人害怕的經驗，人們會做任何事來避免它。她認為，人們從出生後，終其一生對於親密關係的渴望不會改變，每個人都害怕失去親密感。她還強調，**孤獨幾乎是所有精神疾病的核心。**

孤獨是現代社會的徵狀

二十世紀的工業化導致了都市化，造成家庭型態改變，獨居城市的人口變多。在文化和生活方式上，都市生活都比鄉村生活來的複雜緊湊，人與人之間的共同點與交流的時間變少；再加上許多都市的設計並無助於人際之間的互動，因此都市生活很容易讓人感到疏離和孤立。美國寫實畫家愛德華・霍普（Edward Hopper）和波西米亞作家弗朗茨・卡夫卡（Franz Kafka）分別以圖像如夜遊者（Nighthawks）和文字作品如變形記（The Metamorphosis），描繪了當時個人在敵對和冷漠世界中的生活。

時至二十一世紀，網際網路的虛擬空間一方面為孤獨的人與外在世界搭起橋樑，另一方面卻也取代了許多人際之間面對面互動的機會，反而讓人倍感孤獨。美國外科醫生和美國公共衛生服務委員會的副海軍上將維維克・穆西（Vivek Murthy）就曾在2017年9月26日《哈佛商業評論》（Harvard Business Review）中發表文章，**提出孤獨為公共衛生「流行病」**，促請大家對日益嚴重的「孤獨」議題做出因應。

隨著新冠肺炎（COVID-19）疫情的擴散，過去一年，愈來愈多人在被迫「自我隔離」之後，出現憂鬱、焦慮、恐慌等心理症狀。這也使得因社交隔離衍生出的「孤獨感」開始被更多人重視。

當「孤獨」逐漸被當成疾病並嚴陣以對時，讓人好奇的是，人們是否學會從探究「孤獨」的感受中去了解自己內在更深層的恐懼和需要？當社會型態不斷的改變時，人們是否學習到新的方式去因應隨之而來的人際互動變化與調適自我的方式？

1／2
你懂孤獨嗎？

撰文／黃嘉慈

獨自一人是孤獨？離群索居是孤獨？
還是沒有和人群互動稱爲孤獨？
孤獨、孤立、社交孤立和獨處，你會用什麼來形容自己的情境？
美國詩人梅・薩頓（May Sarton）說：
「孤獨」，是自我的貧窮；「獨處」，是自我的富有。

「最可怕的貧窮是孤獨和不被人愛的感覺。」——德蕾莎修女

「我最擔心的事，就是自己一個人，沒人可關心，也沒有人關心我……這種可怕的孤獨感是我希望不必再面對的。」——名演員安・海瑟薇（Anne Hathaway）

「所有這些人都會離開，對吧？他們會離開，然後我就會變成獨自一個人。我會從許多人整天接觸我，跟我說話，變成周圍完全的靜默。」——歌手女神卡卡（Lady Gaga）

2018年情人節，英國廣播公司BBC發起了一項孤獨實驗，共有五萬五千位來自世界各地的參與者談及自己個別的孤獨經驗。一位三十三歲、來自

倫敦的女性蜜雪兒敘述自己總是在他人面前展現正向的一面，但是卻永遠無法與他人分享真實感受的那種孤獨；另一位喪偶獨居的九十六歲老先生傑克，則是回憶著過往與妻子的生活點滴，想念著彼此之間緊密且強烈的親密關係，他感受到孤獨所帶給他深深的痛苦。

似乎無論年齡，無論古今，孤獨是人人無法倖免的感受。然而，我們眞的懂孤獨嗎？

孤獨、孤立、社交孤立和獨處

雖然**「孤獨」是許多人普遍的感受，但卻常因每個人獨特的經驗而增加了定義上的難度。**許多人在思考孤獨這個議題時，經常被「孤獨」、「孤立」、「社交孤立」和「獨處」這些語詞所困惑。《Good Therapy》以及《Age UK》網站提出各自的定義如下：

● 孤獨（loneliness）

對於缺乏或失去陪伴，人們的主觀、苦惱的感受。源自於**實際擁有與所期待擁有的社會關係，質量之間的差距。**

● 孤立（isolation）

孤立是與他人分離的體驗。這可能是在實際情境中身體與他人分開所致，例如當一個人住在偏遠地區，在情感上脫離社群也可能導致孤立。所以說這種分離的經驗可能是眞實的，也可以是感知到的。

● 社交孤立（social isolation）

社交孤立指的是很少或不常與他人互動，缺乏社交連結。在個人層面上是缺乏與家人、朋友和鄰居的互動；在更廣泛的層面上則是與「整個社會」缺乏互動和聯繫。有些人會因爲社交孤立感到孤獨，有一些人即使在沒有社交孤立的情況下也感到孤獨；而有些人即使處在社交孤立的狀況下也不覺得孤獨。

● 單獨（solitude）

單獨是一種獨處的狀態或情況，有些人會刻意選擇獨處以利於創作或是喜歡單獨在樹林中散步，享受獨處的寧靜，但有些人卻無法享受獨處的時光。**單獨並不包含「孤獨」的負面涵義。**

孤獨、社交孤立的傷害

社交連結（social connection）對於我們的幸福感非常重要。擁有家人和朋友的支持能夠讓我們感到快樂，也更健康。美國國家老年研究所（National Institute on Aging）指出（參見1），社交孤立或感到孤獨的人，較容易出現在急診室或養護中心；此外，這些人較容易發生高血壓、心臟病、肥胖問題、免疫系統較弱、焦慮、憂鬱、認知能力下降、失智症（包括阿茲海默症）以及死亡的風險較高。

究其可能的原因，或許是**感到孤獨或社交孤立的人，較少運動、攝取較多的酒精，以及較常有睡眠問題，這些都是造成身體健康惡化的風險因素**。再則，孤獨的人所經歷的痛苦，以及失去社會連結，都能改變他們對世界的看法：他們容易對人失去信任，或感受到威脅。此外，**痛苦的情緒會激化身體在面對壓力時所出現的反應，例如疼痛。當這種情況持續很長一段時間後，便會導致慢性發炎和降低免疫力，因而增加罹患慢性病，以及得到傳染病的風險。**

最後，社交孤立和孤獨，也有損大腦的健康，它們與較弱的認知功能和較高的失智症風險有關，特別是阿茲海默症。同樣的，極少的社交活動以及總是獨自一人，很可能導致例如開車、支付賬單、服藥和做飯等日常生活功能下降。

獨居的迷思

人們經常將「獨居」與「孤獨」畫上等號。然而，**「孤獨」描述的是一種個人的主觀感受，「獨居」則如同「獨處」是指空間上的隔離**。根據《Our World in Data》網站就老人孤獨感發生率、獨居率，以及親友支持率等資料進行比較，結果發現，**獨居的人並不一定比較孤獨**，例如：瑞士和丹麥兩個國家的老人孤獨感最低，然而他們卻是老人獨居率最高的國家。此外，著重個人主義的富裕國家（例如：北歐國家），獨居者的親友支持率並沒有比較低。另外，根據人們生活安排、時間使用和孤獨感的調查也發現，「獨居」無法用來預測孤獨感。由於「孤獨」牽涉到主觀感受，因此各國文化對於社會關係以及社交連結的不同期待，可能是不能忽視的關鍵。關於「孤獨」與「獨處」兩者的差異，美國詩人梅．薩頓（May Sarton）曾做下註解：**「孤獨」是自我的貧窮；「獨處」是自我的富有。**

孤獨或社交孤立的高風險因素：

- 獨居。
- 生活中出現失落或改變，例如：配偶死亡或退休。
- 經濟困難。
- 成爲照顧者。
- 有心理或認知上的困難，例如：憂鬱症。
- 缺乏社會支持。
- 聽力問題造成與人溝通的困難。
- 居住在郊外、不安全或很難聯繫鄰居的地方。
- 在所居住的地方語言不通。
- 在所居住的地方遭受年齡、種族、性向、性別等歧視。
- 無法找到覺得有意義的活動，或覺得生活缺乏目標。

九個孤獨的可能徵兆：

- 斷斷續續的睡眠。由學者莉安（Lianne Kurina）所帶領的研究指出（參見2），孤獨似乎不會影響睡眠總時數，但會讓人在夜間醒來更多次。
- 較頻繁地淋浴或泡澡，而且水溫較高，時間也更長。耶魯大學研究者約翰（John Bargh）指出，有些孤獨的人會用身體溫暖來代替社會溫暖。（參見3）
- 對沒有生命的東西著迷。有些人因爲缺乏社交關係而開始沉溺於所有物，研究者稱之爲「物質佔有之愛」。
- 結交孤獨的朋友。根據《人格與社會心理學期刊》的研究指出，孤獨具有感染性，若你經常接觸孤獨的人，那麼你感到孤獨的可能性高出52%（參見4）。因爲孤獨者傾向於對他人表現出敵意和怪異的行爲，而接受到這些負面感受者也可能將此情緒延續至自己的社交圈中，結果可能發生被排擠或孤立的情況。
- 臉書上的朋友比實際生活中的朋友還多。
- 生活中讓人心煩的事物層出不窮。根據《心理科學最新指南》期刊中的研究指出，孤獨者報告了生活中更多的壓力和童年逆境。這可能是因爲大腦一直對周遭環境保持警覺的狀態。
- 體重增加。孤獨和體重關係密切，這可能是有些人們在感到憂鬱時會用吃來轉移或填補不舒服的感受，又或是人們因爲憂鬱而失去活動的動機，只想窩在沙發裡，因而導致體重增加。

- 流鼻涕、打噴嚏和整體感覺不舒服。這可能與孤獨有關。孤獨可能會提高壓力荷爾蒙水平，使身體更難修復一些日常磨損，損害我們的免疫力。
- 感到憂鬱。孤獨與憂鬱症經常相伴發生，美國心理學會表示，孤獨是心理疾病的特定風險因素。及早因應孤獨有助於預防憂鬱症的發生。

資料參考《每日健康》網站 9 Secret Signs of Loneliness（參見5）

參考資料

1・https://www.nia.nih.gov/health/loneliness-and-social-isolation-tips-staying-connected

2・Loneliness Is Associated with Sleep Fragmentation in a Communal Society, Sleep, Volume 34, Issue 11, 1 November 2011, Pages 1519–1526, https://doi.org/10.5665/sleep.1390

3・The Substitutability of Physical and Social Warmth in Daily Life, Emotion. 2012 Feb; 12(1): 154–162. Published online 2011 May 23. doi: 10.1037/a0023527

4・Alone in the Crowd: The Structure and Spread of Loneliness in a Large Social Network, J Pers Soc Psychol. 2009 Dec; 97(6): 977–991. doi: 10.1037/a0016076

5・https://www.everydayhealth.com/depression-pictures/are-you-lonelier-than-you-realize.aspx

1/3
日趨嚴重的健康流行病

撰文／黃嘉慈

你覺得孤獨只是種感受，只要學會與其共處，就沒什麼大不了？事實上，孤獨會影響我們的身心健康。許多感到孤獨的人較容易有健康以及財務問題。

美國外科醫生維維克・穆西（Dr. Vivek Murthy）指出：孤獨與壽命的減少有關。

《Together: Loneliness, Health and What Happens When We Find Connection》這本書的作者，美國外科醫生（U.S. Surgeon General）維維克・穆西博士（Dr. Vivek H. Murthy）稱**孤獨爲「日益嚴重的健康流行病」，並指出孤獨與壽命的減少有關，它可能造成的傷害與每天吸十五支香菸相去不遠。**穆西醫師警告世人：我們正處於「孤獨大流行」中。

孤獨的痛苦與負面循環

穆西醫師表示，當人們無論是在身體或情感上，處於極度孤立的狀態時，是很痛苦的，這也是爲什麼長久以來社會懲罰的方式，都採用身體的隔離、孤立和單獨監禁。然而，每個人處理痛苦的方式不同。有些人透過找朋友訴說來緩解痛苦，有些人利用酒精或毒品來麻痺自己，有些人將痛苦發洩在他人身上，也有人傷害自己或將自己埋沒在工作中。因感到孤獨而產生的深刻痛苦會影響我們的行爲，進而影響我們的健康。讓人擔憂的是，孤獨感持續的時間愈長，就愈難與其他人連結。穆西醫師從他掙扎於成癮、憂鬱或暴力的患者身上觀察到，最讓他們喘不過氣的，是必須**獨自面對這些挑戰的感覺，也因此，許多患者因爲不知如何因應孤獨的痛苦而讓自己掉入負面的循環**，身心受創後更逃不出孤獨的深淵。

全球性的孤獨威脅

根據英國心理健康運動機構 Time to Change 的調查發現，三分之二的英國成人覺得身邊沒有人可以討論自己所面臨的困難。（參見1）

一項由凱薩家庭基金會（Kaiser Family Foundation）與《經濟學人（The Economist）》合作（2018，參見2），針對美國、英國和日本三個國家的成人所進行的「孤獨」和「社會孤立」的調查結果顯示：**感到孤獨的人較容易有健康以及財務問題**，他們在過去兩年間經歷過負面生活事件的比例也較高；另外，**有十分之三感到孤獨的人表示，孤獨讓他們有自傷的念頭。**

在台灣，一項由精神健康基金會針對「孤獨感」與精神健康議題的調查也發現，孤獨感愈高的人，其精神健康狀況愈不理想。

另外，2018年英國廣播公司BBC的孤獨實驗（有二百三十七個國家、五萬五千名參與者）發現，不僅老年人，年輕人也會感到孤獨，孤獨對所有年齡層的人都有影響。此外，**孤獨感會引發羞恥感，讓人更自卑**，調查發現，女性比男性更容易爲自己的孤獨感受到羞恥；另外，孤獨的人在同理心上得分更高、對他人的信任度以及友誼的期望較低；年紀大者則比年輕人更會掩藏自己孤獨的感受。

在澳洲，由澳洲心理學會（Australian Psychological Society）和斯威本大學（Swinburne University of Technology）合作發表的《澳洲人的孤獨報告（Australian Loneliness Report）》（2018）指出，四分之一的澳洲人感到孤獨。澳洲斯威本科技大學臨床心理學資深講師米歇爾・林（Michelle H. Lim）表示，孤獨與憂鬱症、社交焦慮症以及偏執狂有關。

對抗孤獨的前鋒——孤獨大臣

前英國首相梅伊（Theresa May）在2018年1月任命首位「孤獨大臣」，向孤獨宣戰。這個職務背後的推手來自於喬·考克斯孤獨委員會（Jo Cox Commission on Loneliness）2017年發布的報告。該報告顯示，在英國有超過九百多萬人經常或總是感到孤獨；四分之三的社區醫生表示，他們每天有五分之一的患者是因爲孤獨來就診；50%的身心障礙人士每一天都感到孤獨。老人慈善組織Age UK也發現，二十萬老人會在超過一個月的時間內，沒和親友交談過。另外，英國慈善組織兒童行動（Action for Children）表示，在他們的服務對象中，有43%年齡介於十七至二十五歲的年輕人深受孤獨所苦；另外，英國雇主每年在孤獨問題上的花費約二十五億英鎊，估計疏離的社區關係可能使英國經濟每年損失三百二十億英鎊。面對如此龐大的健康威脅與經濟損失，英國前首相梅伊宣告：孤獨感是這個時代最大的公共衛生挑戰之一。

無獨有偶，日本政府在2021年2月中旬也宣佈成立「孤獨與孤立對策擔當室」，同樣地也是希望遏止「孤獨」對生命的威脅。根據報導，日本警察廳所發佈的數據顯示，2020年有將近二萬一千人自殺，較2019年多了七百五十位，打破過去十一年來的紀錄；自殺人數的攀升明顯地出現在女性以及年輕人身上。日本前首相菅義偉表示，日本女性受到「孤立」的情況非常嚴重。日本網路輔導平台「閣下的居場所」，自2020年夏天起出現愈來愈多的女性求助，甚至有母親承認「擔心會殺死自己的小孩」。橫濱的輔導組織Bond Project也指出，近來接獲許多求助者的電話，表示自己感到孤獨和痛苦，意欲尋死。根據日本當局分析自殺者動機後，發現因「孤獨感」自殺的人數增加。日本德島大學的研究發現，約一半受訪者表示，在新冠肺炎疫情下感受嚴重壓力，並對長期留在家中感到厭倦，11.5%的參與者認爲自己的情緒問題已達到需要醫生協助的程度。其實日本社會的「孤獨」議題十分複雜，年輕的「繭居族」、老人「孤獨死」、女性被矮化等，都是存在已久的問題，然而新冠肺炎疫情的肆虐，似乎讓孤獨的問題更加惡化。

除了英國、日本，許多國家雖然未設立專屬「孤獨大臣」，但也逐漸意識到孤獨的問題並非透過個人的力量就能解決。澳洲心理學會即在2018年心理學週中提出「人類聯繫的力量（Power of Human Connection）」運動，希望透過專業的心理學家來協助孤獨者加強社交技能，以促進社會連結與健康的身心發展，並呼籲政府正視孤獨這個議題並提出改善措施。

參考資料

1・https://www.bbc.co.uk/news/health-42903914

2・August 2018 Loneliness and Social Isolation in the United States, the United Kingdom, and Japan: An International Survey, August 2018, Bianca DiJulio, Liz Hamel, Cailey Muñana, and Mollyann Brodie Kaiser Family Foundation

1／4

新冠肺炎疫情期間和後疫情時代的孤獨威脅

撰文／黃嘉慈

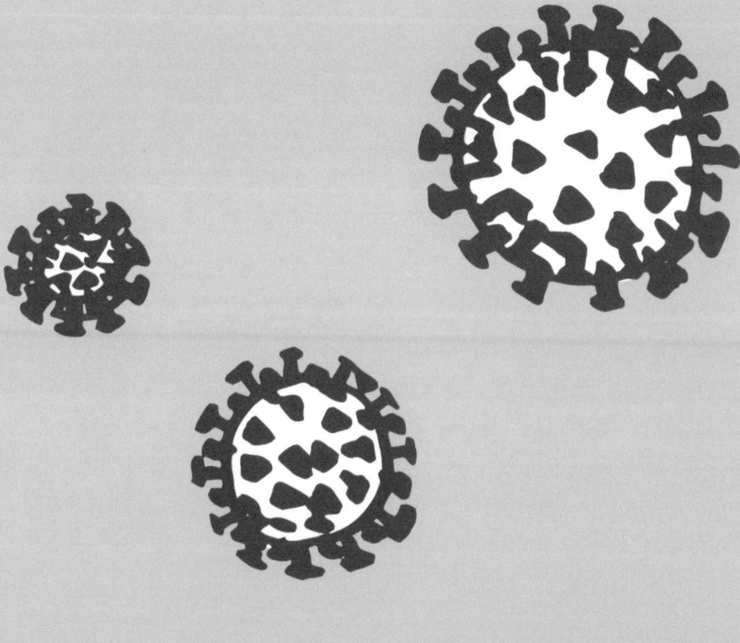

新冠肺炎大流行，封城、居家，隔開了人與人的身體距離，心理距離是不是也隨之拉大了？

許多針對疫情期間進行的調查顯示，不論年紀與性別的差異，新冠肺炎疫情期間與後疫情時代，孤獨問題與以往相較，更趨嚴重。

新冠肺炎大流行期間，美國四十一歲教師 Kathie Hodgson，在網路《時代雜誌》（MAY 8, 2020）訪談中談到自己心境的轉變。她在疫情之前，才因爲孩子長大離家，又和先生離婚，因此很開心可以享受獨處、約會、和朋友見面的自由時光。然而疫情發生後，她幾乎二十四小時都被限制在自己的公寓裡，心裡感到非常空虛；現在的她，看到幸福的家庭在院子裡玩耍或遛狗，就會陷入孤獨的漩渦。

而住在加州的 Shanan Cale 在接受美國有線電視新聞網的訪問時談到，自己的生活在新冠肺炎疫情趨緩之後，並沒有太大的改變。她還是那個持續在家工作，持續照顧兩個正值大學年齡的女兒，以及只能默想著親密關係的五十四歲孤獨女人。她雖然不是獨居，但朋友圈很小，經常感到很孤獨。

新冠肺炎疫情引發孤獨感和社交孤立

新冠肺炎疫情在全世界蔓延已超過一年半，至2021年11月初全球已有兩億多人確診，五百多萬人死亡。隨著疫苗的施打，疫情似乎受到控制。許多國家也因此逐步放寬隔離限制，希望讓人們的生活慢慢地恢復到疫情前的狀態。然而爲了防範病毒蔓延所採取的封城與隔離措施，使得疫情發生前就被視爲公共流行病的孤獨問題，變得更嚴重，也讓許多人的心理健康狀況更加惡化。

在美國由非營利組織美國退休人員協會（AARP）、聯合健康基金會共同合作的《大流行的影響：社會孤立報告（The Pandemic Effect：A Social Isolation Report）》顯示：**新冠肺炎疫情加劇了孤獨和社交孤立的情形，伴隨而來的是嚴重的健康和情緒問題**。該報告指出，三分之二的成人表示自己正處在社交孤立中，66%的受訪者表示在疫情期間焦慮感增加；就五十歲以上的人群中，將近三分之一（29%）的女性表示，在疫情期間長達一到三個月沒有與家庭或工作場所以外的人互動；女性也比男性更容易經歷負面情緒。除了五十歲以上的女性之外，低收入的年長者也受到很大的挑戰，約有十分之四五十歲以上的低收入成人在疫情期間很難獲得一些資源，如食物或醫療保健服務等。

另一項刊登在2020年9月《營養、健康和老化期刊》（參見1），針對新冠肺疫情期間社交隔離措施對老人身心健康影響的調查顯示：**社交隔離嚴重影響老人的身心健康，其症狀主要爲焦慮、憂鬱、睡眠品質不良和缺乏運動**。

由梅約醫學中心（Mayo Clinic）執行，發表於2021年2月《社會科學和醫學（Social Science & Medicine）》期刊的研究也顯示，「社交隔離」雖然減緩了新冠病毒的傳播，但封城和孤立卻有損個人心理健康和幸福感；**在疫情期間，朋友之間的連結下降，孤獨感顯著增加**。

另一項來自哈佛大學研究生教育學院「讓關懷變普遍（Making Caring Common）」的研究也發現，社交孤立感正在上升，有36%的受訪者表示，在訪談前四週內「經常」或「幾乎總是／總是」感到孤獨；該研究並指出，受到最嚴重打擊的是年齡十八至二十五歲的人，有61%呈現高孤獨水平。

封城讓孤獨現象更嚴重

根據2021年1月發表於《人文與社會科學傳播期刊（Humanities and Social Sciences Communications）》（參見2）有關疫情期間社交孤立影響幸福感與生活滿意度的調查發現，**感知的社交孤立感是影響健康和幸福感的重要因素**。感知的社交孤立不僅僅影響老人，許多年輕人也因爲隔離而遭受極大的痛苦；而這種社交孤立的經驗，與低生活滿意度的一些面向有關，如：與工作有關的壓力、對中央政府和企業等機構較低的信任度、擔心感染新冠病毒，以及使用藥物、酒精、毒品等物質作爲因應壓力方式等。在健康方面，由於壓力和社交孤立會影響健康和免疫功能，因此，當個人需要強大的免疫功能來抵抗新型病毒時，降低感知的社交孤立就顯得格外重要。

另一項來自「COVID-MINDS NETWORK」（冠狀病毒心智網站）、針對四個國家（丹麥，法國，荷蘭和英國）、共二十萬名歐洲人在2020年春天和初夏的封城期間所進行的研究發現：「封城」對心理健康影響甚鉅，特別是三十歲以下，以及原先就有心理健康問題的人，他們的孤獨感最高。

對年輕人的衝擊

由歐洲青年論壇（European Youth Forum）委託「人的對話與改變（People Dialogue and Change）」促進青年參與的機構所進行的研究（2021）《封城之後——疫情在年輕人身上留下的傷疤（Beyond lockdown - the 'pandemic scar' on young people）》指出，在經濟大衰退八年之後，有將近三分之一的年輕人面臨貧窮與社會排除（如失業、缺乏社會互動、缺乏社會或政治參與，以及缺乏支持網絡等）問題。現在再加上新冠肺炎疫情所帶來的社交孤立和長期不確定性的影響，讓年輕人的處境更爲艱難。報告提及，**病毒肆虐期間，將近三分之二的年輕人其心理健康和幸福感受到影響；其中年輕女性的心理健康和幸福感明顯低於年輕男性；而處於社會邊緣的年輕人也受到嚴重的影響。**

在2018年英國廣播公司BBC所進行的孤獨實驗也指出，十六至二十四歲年輕人爲何會有如此強烈的孤獨感，原因在於年輕人缺乏調節情緒的經驗，所以一切都顯得更強烈。此外，疫情下的社交隔離，可能是年輕人生命中第一次或第二次的孤獨經驗，他們尚未了解到孤獨感通常是會消失的。再則，十六至二十四歲是認同不斷在改變的年紀。多數年輕人正在摸索自己與他人的關係，以及自己在社會中的位置。這個過程很自然地會處在某種孤立的狀態，因此感到孤獨可能是正常的。

女性的處境

根據「前沿開放科學平台全球婦女健康（Frontiers in Global Women's Health）」2020年12月一篇有關新冠肺炎疫情與女性心理健康的文章指出，**即使男性的死亡率比女性高出兩倍，疫情對女性的影響，無論是在職場上或家中，都遠大於男性。**一項加拿大研究針對疫情前的懷孕婦女與疫情中的懷孕婦女其心理健康狀況進行比較，懷孕婦女在疫情期間的憂鬱和焦慮症狀，比疫情前高；而原來就患有精神疾病、或收入較低的女性，感到焦慮痛苦和精神症狀惡化的風險也會增加（參見4）。

聯合國婦女署（UN Women）在2020年5月27日發起「陰影大流行（Shadow Pandemic）」的公共意識運動，呼籲大家關注新冠肺炎疫情期間在全球遽增的家庭暴力問題。由於疫情所造成的財務困境、因爲封城或隔離措施彰顯出居住空間不足、相處上的衝突等問題，再加上疫情期間、尋求醫療和社會服務變得更加困難，使得許多原來就處在家庭暴力高風險之下的女性其處境更加危險。

兒童的心理健康危機

對於兒童來說，可預期的、穩定的生活狀態是維持心理健康的重要因素。

然而，新冠肺炎疫情所帶來的許多變化，如：不知何時可以回學校上課、無法和朋友見面、擔心自己或家人會生病，以及父母親的焦慮等，都會影響孩子的心理健康。精神科醫師及心理學博士凱倫・迪寧 Karen Dineen Wagner 在《精神醫學時代雜誌（Psychiatric Times, Oct. 2020）》中所發表的《New Findings About Children's Mental Health During COVID-19》一文指出，根據中國、孟加拉針對兒童和青少年在疫情隔離期間的心理健康所進行的調查發現，兒童和青少年在焦慮和憂鬱程度上明顯高於疫情發生前。此外，《心理學前沿期刊（FRONTIERS IN PSYCHOLOGY）》中一篇針對義大利和西班牙的兒童和青少年所進行的調查結果（2020，參見5）顯示，85.7%的父母表示他們的孩子在隔離期間，在情緒和行爲上有所改變。最常見的是注意力不集中、無聊、易怒、煩躁、緊張、孤獨、不安和擔心，約75%的父母表示對隔離情況感到有壓力。另外，對於一些患有社交焦慮症的青少年，在家透過網路學習或許可以暫時緩解焦慮，然而這並非長久之計，因爲一旦當他們返回校園時，可能會面臨更巨大的焦慮。

參考資料

1・Impact of Social Isolation Due to COVID-19 on Health in Older People: Mental and Physical Effects and Recommendations J Nutr Health Aging. 2020 Sep 25 : 1–10. doi: 10.1007/s12603-020-1469-2

2・Clair, R., Gordon, M., Kroon, M. et al. The effects of social isolation on well-being and life satisfaction during pandemic. Humanit Soc Sci Commun 8, 28 (2021). https://doi.org/10.1057/s41599-021-00710-3

3・Women's Mental Health in the Time of Covid-19 Pandemic Front. Glob. Womens Health, 08 December 2020 https://doi.org/10.3389/fgwh.2020.588372

4・Berthelot N, Lemieux R, Garon-Bissonnette J, Drouin-Maziade C, Martel E, and Maziade M. Uptrend in distress and psychiatric symptomatology in pregnant women during the coronavirus disease 2019 pandemic. Acta Obstet Gynecol Scand. (2020) 99:848–55. doi: 10.1111/aogs.13925

5・Immediate Psychological Effects of the COVID-19 Quarantine in Youth From Italy and Spain. Front Psychol. 2020; 11: 579038. doi: 10.3389/fpsyg.2020.579038

2

孤獨冰山下

2／1
孤獨感的形成

諮詢／**吳冠毅**（林口長庚醫院社區及復健精神科主任）
董旭英（成功大學教育研究所所長）
撰文／**李碧姿**

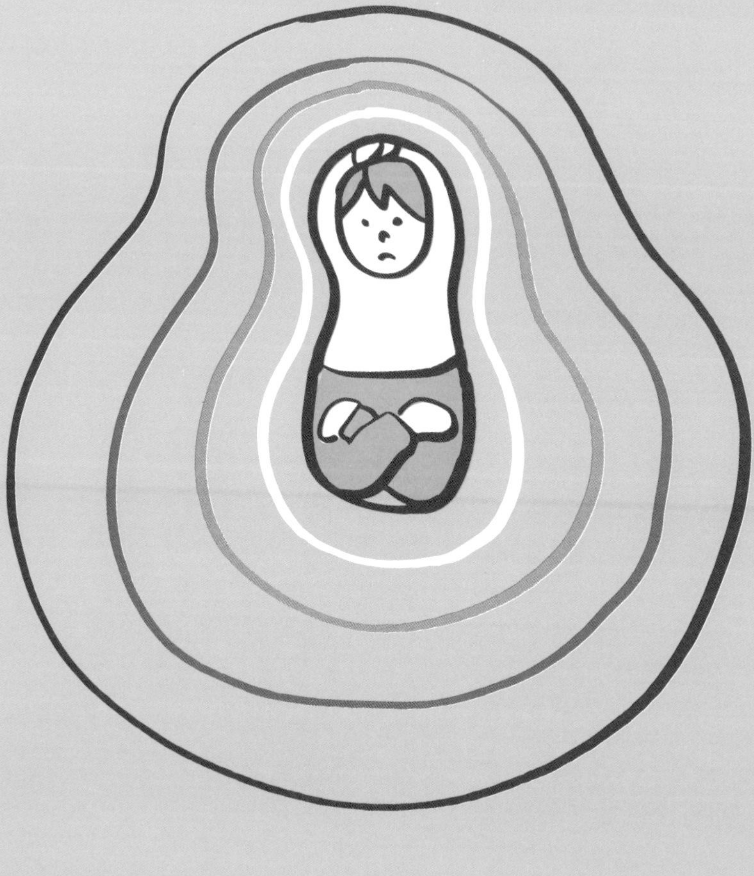

什麼個性的人容易產生孤獨感？外向開朗的人就不會有孤獨感？孤獨是自己選擇還是情境影響而產生的感受？
根據研究，環境、生活社交、人際溝通、個人信念／價值，甚至包括了遺傳基因，都是影響產生孤獨感的因素。

瑞秋今年大三，除了忙於功課和課外活動，她每週花不少時間在社福機構擔任志工。忙碌的日子、堆積如山的工作，讓瑞秋感到越來越精疲力盡。她沒有時間放鬆自己，也發現自己已經好幾個月沒和朋友聯繫了。她表面上有很多朋友，但其實只是友好認識而已。她突然意識到自己的問題：雖然並不孤單，但很孤獨。

哈佛大學於2020年10月進行的全國性調查發現，36%的美國人（包括61%年輕人和51%有小孩的母親）感到「嚴重的孤獨」。而COVID-19疫情爆發初期，害怕感染致命病毒和隔離防疫政策，43%的年輕人覺得有社交孤立和孤獨感。而另一份發表於美國心理學會的《美國心理學家（AMERICAN PSYCHOLOGIST）》雜誌的研究發現，在2020年疫情最嚴重的三、四月，出乎意料的是居家隔離的個案感受的孤獨感，相較隔離前非但沒上升反而下降，因爲得到更多周遭人的關注與支持。

遺傳、人格發展、社會環境，都與孤獨的形成有關

林口長庚醫院社區及復健精神科主任吳冠毅表示，**在醫學和心理學上，孤獨感是主觀感受，感覺缺乏與社會連接所造成的負面情緒狀態**。依據一份2017年瑞士全國性調查資料（Richard, Rohrmann et al. 2017）顯示，**孤獨感橫跨整個生命週期，在青少年到成人早期盛行率達到高峰，約40%。這比例成年後開始下降，但到了七十至八十歲，比例又上升，整體趨勢呈現稍微U字型的分佈**。這表示青少年對於社會人際有著強烈的憧憬與需求，當需求無法滿足主觀期待時，就會出現孤獨的感覺。吳冠毅主任提到，孤獨也有基因的遺傳性，2000年美國與2008年荷蘭的雙胞胎研究（Cacioppo, Cacioppo et al. 2014）發現，兒童時期的孤獨感來自基因遺傳的因素佔蠻大的比例，隨著年齡增長環境因素逐漸發揮影響。荷蘭七千多對的雙胞胎研究結果發現七歲時孤獨感有60%歸因於基因影響，換言之環境因素佔40%；十歲時54%歸因基因影響；但到了十二歲基因因素只佔17%。這顯示進入青少年階段後，環境因素的影響日愈明顯。因此，想深入了解孤獨感，需從先天生物遺傳的基礎、心理人格的發展，以及後天社會環境因素互動的結果來思考。

哪些族群容易感覺孤獨？

吳冠毅主任提到，從先天遺傳和心理人格發展來看，人格特質在成年早期後逐漸穩定。人格的五大特質，即「開放性（Openness to experience）」、「盡責審慎性（Conscientiousness）」、「外向性（Extroversion）」、「親和性（Agreeableness）」和「神經質（Neuroticism）」中，前四大特質與孤獨感呈負相關，最後的神經質特質與孤獨感呈正相關，換言之，**神經質的人格傾向會有較高的比例經驗到孤獨的感受**。神經質這個名詞常帶有負面的評價，這並不表示他們有臨床憂鬱症或焦慮症疾病，只是他們比較敏感，容易經驗到周遭環境的改變，以及對未來可能的變動，會提早憂慮與擔心而已。美國奧克拉荷馬州的塔爾薩大學心理學系教授的研究也呼應，孤獨的人往往在個性上更內向、更害羞、更不自在，也更不自信。具備強烈神經質人格特質的人，在兒童、青少年期和成人早期，就比較容易產生孤獨感；**老年族群的孤獨感雖然也受到人格特質的影響，但是還會再加上身體疾病、限縮的人際關係，以及周遭親人變化整體所造成的影響**。另外，精神科疾病的患者，包括憂鬱症、焦慮症或藥物酒精濫用的病患，更是孤獨感的高危險群，疾病與孤獨感之間存在雙向的關係。

成功大學教育研究所所長董旭英指出，**個性內向、自我意識較高的人容易**

感到孤獨。他們既希望有多一點的獨處時間，又希望有人陪伴。他認爲就如心理分析學派始創人榮格所提過「集體潛意識（Collective unconscious）」，這是指包括祖先在內的世世代代的活動方式和經驗庫存在人腦中的遺傳痕跡，人需要群居，內在需要陪伴與情感的支持。

另外，**在年齡上，以往相關報告顯示，老年人比年輕人更容易出現孤獨感**。因現在的家庭結構多爲核心家庭，很少三代同住，老人退休後大都獨居，若能獲得陪伴，即可降低孤獨感。然而，近期研究，**生活方式和社會結構的改變，加上網路發達之後，年輕人感到孤獨的比例也在攀升**，這可能由於網路無法替代人與人的感情與感受。而在**性別上，男性孤獨感比女性高**，這可能也有社會文化的因素，一般社會對男性的刻板印象，男性是一家之主，男兒有淚不輕彈，要避免情感依賴、凡事須自己面對；但當女生表達需求時，可被接受且認爲正常。

戴著外向開朗面具的孤獨感

近期研究也發現，**外表開朗的人其實也會感到孤獨，臨床上稱之爲外向孤獨感**，其表現包括下面四點特徵：

一、當別人表達難過、傷心負面情緒時，他卻面帶笑容；或在大眾之前笑得自然，但在角落不吭一聲、垮下臉來，開朗笑和沉默不語可瞬間轉換。

二、手機不離身，整天與朋友聯繫，儘管沒有特別的事也要哈拉幾句，或傳自己覺得有趣的事給別人；喜歡開導別人，但沒有憐憫之心，動機只是希望連結關係，不是眞正關心，顯示人際互動上缺乏安全感。

三、對不同個性的人會揣摩他人想法、會因非常委屈自己來討好他人而感到孤獨。有時因怕得罪人得不到支持而會爲小事敏感計較；但跟社交無關的大事卻又麻木、不理會。

四、給人的印象是很快樂、很少煩惱，也願意幫別人，但是當他需要人家安慰時，會主動給予安慰的人並不多，可能覺得他可以自己面對，或者他在幫助別人時缺乏情感的交流。

簡而言之，**外向開朗卻又自覺得孤獨者本身充滿矛盾。深入探討後發現，大都是缺乏安全感所致，戴上外向開朗的面具，形塑外向主動的形象，但心裡又有很多抱怨**。與外在的物理空間很近、心理空間卻遙遠。

社會心理層面形成的孤獨感

董旭英所長認爲，**孤獨感不僅是對社交孤立的一種不愉快情緒反應**；有時雖然身邊有很多人，內心沒有感受到交流，或主觀覺得無法聯繫溝通，也會產生孤獨感；甚至與至親至愛，或在意的人失去聯繫，也會產生孤獨感。

董旭英所長強調，孤獨感並非簡單的情緒反應，從社會心理層面探討，形成原因如下：

一、**環境因素**：個人因無法適應環境而產生孤獨感，包括居住環境的改變或移居新環境，造成整體生活方式、居住或社交環境的不適應，感覺格格不入，這可能經過一些時間後可調整適應。

二、**生活社交層面**：指在生活態度／方式、個人信念／價値層面不被認可，或對人生、社會及國家的看法與周邊的人不太一樣，得不到了解與支持。即使是家人，也無法交流，如：「爲何要讀這科系？」，或媽媽想學舞蹈卻得不到家人的支持：「年紀這麼大幹嘛學跳舞？」，逐漸影響彼此互動，覺得沒人了解。

三、**人際溝通層面**：個性內向、不擅溝通，或工作無法接觸很多人時，溝通技巧與管道限縮，下班就回家，朋友越來越少，造成孤獨感。

吳冠毅主任也提到，目前醫療與心理學界將上述現象歸類，將孤獨感分爲：

一、**社會性孤獨感**：主觀或客觀的感覺與周遭的人缺乏連接，如在職場換新工作時，或學生到外地就學時，只要是主觀期待和與認知有差距就可造成此類孤獨感受。

二、**情感性孤獨感**：主要因失去依附對象而出現的孤獨感，如配偶、父母或子女等重要他人過世，是出現孤獨感的最強的壓力事件。

三、**存在型孤獨感**：在生命某個周期，即使有很好的家庭、社會支持和成就，仍感覺到孤獨感，感受到每個人都是孑然一身的活著，這就是存在的孤獨。屬於靈性層面的感受，涉及存在議題，人們賴以生存的最深刻的價值觀和意義。

總而言之，**孤獨感的形成非單一因素，重新學習與自己及與世界的聯繫是學習面對的鑰匙。**

參考資料

1．Cacioppo, J. T., S. Cacioppo, et al. (2014). "Evolutionary mechanisms for loneliness." Cognition & emotion 28(1): 3-21.

2．Luchetti, M., J. H. Lee, et al. (2020). "The trajectory of loneliness in response to COVID-19." American Psychologist.

3．Richard, A., S. Rohrmann, et al. (2017). "Loneliness is adversely associated with physical and mental health and lifestyle factors: Results from a Swiss national survey." PLOS ONE 12(7): e0181442.

2／2
當孤獨慢性化

諮詢／**吳冠毅**（林口長庚醫院社區及復健精神科主任）
陳質采（衛生福利部桃園療養院兒童精神科醫師）
董旭英（成功大學教育研究所所長）
撰文／**李碧姿**

慢性孤獨常與憂鬱、焦慮等身心症存有共病關係；對身體健康的影響包括：血壓、血糖控制不佳；免疫系統失調；非特定性胸悶、心悸、呼吸不順暢；認知功能減退等。改善孤獨已被證實會降低各種慢性病的致死率！

七十歲的陳太太，年輕時先生外遇拋棄家庭，她獨自撫養小孩長大。子女成家立業獨立生活後，周末有空會來陪她。陳太太經常抱怨記憶力不好、頭暈、胸悶、身體不舒服等，到處求醫，卻查不出原因。後經身心科醫師細心診療後，她才提及早年的婚姻問題，中年全心爲小孩付出，老年突然覺得自己孑然一身，感覺非常孤獨。

孤獨原是生存本能

林口長庚醫院社區及復健精神科主任吳冠毅說，人類是群聚動物，從演化的角度，孤獨是幫助我們免於天擇淘汰的本能之一。**不舒服的情緒會驅使我們去尋求情感依附的對象，增加和人互動以獲得協助。如果長期得不到期待的人**

際回報，**那就可能掉入慢性孤獨的泥沼。**這是演化的結果，寧可導致個人的痛苦，也要促進基因庫代代繁衍下去。因此，當演化選擇了犧牲小我來完成大我時，我們必須學習和孤獨和平相處，以及如何化解孤獨感。

桃園療養院兒童精神科醫師陳質采表示，孤獨感的定義還在發展當中，德裔美國芝加哥大學教授保羅（Paul Tillich, P.）就認爲，人有時喜歡隱世獨處，是一種愉快的狀態，以獲得個人成長（例如獨自冥想或正念練習體驗），或只是暫時遠離喧囂的現代生活，這是自願的獨處。而孤獨感，以加州大學洛杉磯分校心理學榮譽教授 伊提亞（Letitia Anne Peplau）、北卡羅來納大學人類發展和家庭研究所教授丹（Dan Perlman）、美國社會學家羅伯（Robert S. Weiss）等學者的觀點，則認爲是**個人「對社會聯繫的渴望」與「實際的社會關係」發生了落差，導致痛苦和不安，這使得當事人即使身在家人或朋友之間，也可能感受到孤獨感。這樣的孤獨感定義，強調的是非自願的獨處。**

慢性孤獨經常伴隨著慢性身體疾病

吳冠毅主任表示，孤獨感不一定有明顯的外顯症狀，多半需藉由個案對其內在經驗主觀的描述，目前還沒有孤獨症疾患的診斷；再者，大部分人不願承認與表達自己的孤獨，因爲那代表自己的脆弱和不夠堅強；此外，很多人孤獨但不一定憂鬱，只是憂鬱的比例較高，因此，孤獨也無法納入憂鬱和焦慮疾病；而短暫或帶有自我療癒的孤獨感受，像暫時隱世獨處，也不全然是負面的影響。因此，唯有**長時間的慢性孤獨才會引發生理或心理方面的疾病，在醫學上被當做預測身心疾病的重要指標。**

身體的慢性疾病，包括代謝症候群、三高、冠狀動脈心臟病、中風等心血管疾病，常常伴隨著慢性孤獨；而**孤獨也常讓慢性疾病惡化。另外，慢性孤獨常常與憂鬱、焦慮症、身心症等存在共病的關係。**在臨床上，像是血壓及血糖控制不佳、免疫系統失調、非特定性胸悶、心悸、呼吸不順暢、認知功能減退等，**經證實只要改善孤獨感，就能降低這些疾病的致死率。**

改善憂鬱降低孤獨感

吳冠毅主任說，憂鬱、焦慮、孤獨三負面情緒往往相互影響。改善孤獨感，可從共病概念切入。如前述陳太太的例子，吳主任除了提供身心症的藥物治療外，也同理她的感受，並提供情緒支持與建立互信的醫病關係。這樣的關係建立後，陳太太才透露出眞實的感受。

他也提醒，**長輩的心理壓力常以抱怨身體不適來表現，許多生理上不明原因的症狀可能是孤獨感在作祟，宜找身心科、精神科，或心理師共同治療**，幫助長輩學習如何處理壓力，家人也要多留意與陪伴。而年輕人孤獨感的表現有很多不同的樣貌，如慢性疲倦，常常什麼事也沒做就感覺很累、注意力不集中、覺得虛弱等。

陳質采醫師則認爲，罹患嚴重精神疾病（如思覺失調症病患）的年輕人，他們正處於本應成家立業的年齡，卻因病無法持續工作而與社會脫節，對未來有感到茫然無助、容易產生孤獨感，自殺風險也高，宜及早介入。

別輕忽孤獨感染力

成功大學教育研究所所長董旭英表示，根據英國萊斯特大學醫學、生物科學和心理學學院霍華德（Howard Meltzer）學者的調查報告，感到孤獨的人常因胡思亂想而衍生許多負面情緒，包括憂鬱、焦慮、神經質、躁鬱，進而影響睡眠。

董旭英所長說，不僅如此，接觸越多孤獨感的人，自己也比較容易產生孤獨感。他舉自己出國念書爲例，遇到正向的人，他就覺得出國很棒，也比較容易對自己有信心；但若遇到負向、一直抱怨的人，他就覺得出國念書是苦差事，擔心自己可能畢不了業，心情就會變糟。

吳冠毅主任則強調，**與其說孤獨感有「傳染性」，不如說是「感染力」，正如負面情緒如憂鬱、焦慮，甚至自殺，也會感染周遭人一樣**。舉例來說，自殺意念很強的人，周遭的人很容易感染他負面的情緒，進而掉入他自己過去負面經驗，也掉入困擾當中。因此青少年相約自殺，不全然是因感情很好、情意相挺，而是感染力。孤獨感也類似。

慢性孤獨感可能使身體與心理疾病更加惡化。吳冠毅主任建議，除了藥物治療，也請家人多同理、關心長輩，或提供社會資源，如參加老人社團等，協助孤獨的長輩重新與社會連接。如果長輩行動不便或獨居，可請社工協助解決，或連結長照2.0協助資源，包括居家照護、居家送餐，增加人際關係。至於對思覺失調患者的孤獨感，白天可送去社區復健中心或日間病房，協助其增強人際關係，晚上才回家，可補足社交脫節帶來的孤獨感。

2／3

孤獨、心理疾病、慢性病和死亡

撰文／**黃嘉慈**

因孤獨而憂鬱？還是因憂鬱而孤獨？

孤獨和一些心理疾病、慢性疾病之間的因果關係未定。可以確定的是，人與人之間的親密關係對心理健康非常重要，因缺乏人際間親密感而產生的孤獨感，會帶來許多心理問題。

Sara 是英國中學生，因爲新冠肺炎疫情，她和家人從2020年3月18日開始居家隔離，由於父親有糖尿病，全家人對於病毒更是小心翼翼。Sara 和大多數學生一樣，只能在家中接受遠距教學，所有社交活動全部停止。她的作息變得凌亂，經常清晨四、五點才能入睡，因此趕不及早上的課程，她也對線上學習沒有興趣。她與家人常爲小事爭吵，也常莫名感到憤怒。有一天起床後，她突然感到自己心跳加快、胸部疼痛、吸不到空氣，全身發抖，她以爲自己就要死了。

孤獨和心理疾病

Sara 不是唯一在疫情居家隔離期間恐慌症發作的人。加州大學聖地牙哥分校的研究者發現，在2020年3月中旬至5月初之間，在Google上搜索焦慮或恐慌症的次數，比以往多了三十七點五萬次。（參考1）

《Stop Being Lonely（停止孤獨）》作者基拉（Kira Asatryan）指出，孤獨感經常伴隨著心理疾病發生。雖說無法確認兩者之間的因果關係，但她認爲，孤獨感在常見的心理疾病中，比較像是原因而不是症狀。她認爲人與人之間的親密關係對心理健康非常重要，因缺乏與人的親密感而產生的孤獨感，會帶來許多心理問題。以下是四種可能因孤獨而產生或加劇的心理疾病：

- **憂鬱症**：憂鬱症經常與孤獨相隨。著名的社會神經學家與前芝加哥大學心理學教授約翰．卡喬波（John T.Cacioppo）在一項針對五十至六十八歲成人所進行的爲期五年、有關孤獨與憂鬱症狀相關性的研究證實，孤獨可預測憂鬱症狀的後續變化。（2010，參見2）
- **社交焦慮**：我們通常認爲，缺乏社交技巧是造成孤獨或社交孤立的原因。然而，由富蘭克林馬歇爾學院心理學副教授梅根（Megan Knowles）所主持的研究（2015，參見3）卻發現，**孤獨的人其實比不孤獨的人更擅於偵測社交線索、解讀他人表情、了解社會情境。但是，這些人因爲過於擔心失敗，害怕說錯話與過於小心翼翼，反而無法自然展現自己、和他人建立關係。**

- **成癮**：《Chasing the Scream: The First and Last Days of the War on Drugs（追逐尖叫）》一書作者約翰（Johann Hari）表示，當人們的生活充滿親密關係時，不容易受到毒品的誘惑；擁有親密關係者，即使因遭受重大意外而需要服用強效止痛劑，也不會因此上癮。相反的，**因缺乏親密關係而感到孤獨者，他們會因爲感到孤獨、無助和空虛而更容易成癮。**
- **囤積症**：一項來自澳洲的研究（2020，參見4），就物體的情感依戀在孤獨和囤積症狀關係中所扮演的角色進行探討，結果發現，孤獨和物體依戀與囤積症有關；人們對物體的依戀可能是對孤獨的一種補償作用。國際強迫症基金會（International OCD Foundation）也指出，有些人在生活中缺乏親密的關係或失去所愛的人時，可能藉由物品來安慰自己和填補空虛。英國國民健康服務體系（NHS）網站則提醒大衆，囤積症患者通常不願意或無法接待訪客，因此使他們與親友的關係變得疏離，讓自己處在更孤立的狀態中。

孤獨和失智症與阿茲海默症

來自《阿茲海默症與老年失智症（Journal Alzheimer's and Dementia）》期刊的研究（2021，參見5）指出，在中年階段（四十五至六十四歲）長期感到孤獨者在晚年罹患失智症和阿茲海默症的風險較高。然而，相較於從未感到孤獨者，曾經從短暫的孤獨經驗中復原的人，在之後罹患失智症的可能性更小。梅約醫學中心老人精神科醫師瑪麗亞（Maria Lapid）認爲，這可能是因爲長期感到孤獨者，缺乏與外界的連結和社交互動，缺乏適當刺激所引起。然而，阿茲海默症協會（Alzheimer's Association）科學計畫和推廣主任克蕾爾（Claire Sexton）則提出，這也可能是因爲失智症或阿茲海默症患者受到病症的影響，開始減少活動才導致孤獨，例如：因爲阿茲海默症改變了大腦某些功能，使得患者不得不退出太過困難的活動，進而形成社交孤立而感到孤獨。

孤獨和慢性病與死亡

當人們落單時，容易因爲沒有同伴而更加警覺周遭的危險，因而處在「戰鬥或逃跑（Fight-or-flight response）」的壓力下。壓力會觸發身體分泌荷爾蒙，造成心跳、呼吸加速、肌肉緊張等生理變化。當我們的身體長期處於這種壓力狀態下，健康就會受到影響。西維吉尼亞大學特麗莎（Trisha Petitte）博士領導的系統性文獻回顧研究（２０１５，參見6）中即指出，**孤獨是一種重要的生物—心理—社會壓力源，常見於心臟病、高血壓、中風和肺部疾病的成人患者**

中。約克大學的研究者發現，孤獨和社會孤立與增加的 29%心臟病發作或心絞痛風險和增加的32%中風風險有關（2015，參見7）。此外，楊百翰大學朱利安（Julianne Holt-Lunstad）博士的研究團隊也發現，實際和感知的社會孤立都與較高的較早死亡風險有關（2015，參見8）。另外一項針對芬蘭中年男性所進行的孤獨和社會孤立與癌症相關的縱向研究指出，孤獨和社會孤立與晚年的癌症總發病率，以及肺癌的發病率有關（2021，參見9）。

慢性孤獨的警訊

每個人在生命中多少都會經驗到孤獨的感受，這樣的短暫或偶然的經驗並不見得會造成心理上的紊亂。然而，當孤獨感惡化並成爲慢性、持續性的狀態時，便可能影響心理健康與幸福感、甚而造成心理疾病的產生。**目前對於「慢性」孤獨的時程尚未有具體定義，在一份研究短暫孤獨與慢性孤獨對老人認知功能影響的研究中將「慢性」定義爲三年**（參見10），但該研究作者也指出三年可能過長，可能無法適當地反映出孤獨對於公衆健康的威脅。

以下爲信諾（Cigna）網站（2019，參見11）所列出的慢性孤獨症狀和徵兆，提醒大家，若是持續地出現下列所述的狀況，請及時尋求協助。

- **無法與他人有更深、更親密的連結**：也許你的生活中有朋友和家人，但與他們的接觸只是表面的；你與他們的互動並沒有帶來滿足感，而且這種失去沒有連結的感受似乎一直都在。
- **沒有親密的或「最好的」朋友**：你有朋友，但他們只是普通朋友或熟人，你找不到真正「了解」你的人。
- **無論身在何處，或是周圍有誰，都充滿了孤立感**：你可能在一個很多人參加的聚會中，卻仍感到孤立、分離和疏離。在工作中，你可能會感到無法融入和孤獨。在公共汽車、火車或走在繁忙的街頭也是這樣的感受，彷彿自己身在一個牢不可破的泡泡之中。
- **自我懷疑的消極情緒**：你是否總是覺得自己不夠好？長期有這樣的感受也可能是慢性孤獨的症狀之一。
- **當嘗試與外界連結時，沒有得到相同的回報**，彷彿你是透明人，沒人會看到或聽到你。
- **對於社交活動感到精疲力竭**：若你正處在慢性孤獨中，與他人的社交互動可能會讓你感到疲憊不堪。持續的感到疲憊會導致其他問題，如睡眠障礙、免疫功能變弱、飲食不健康等。

參考文獻

1・Internet Searches for Acute Anxiety During the Early Stages of the COVID-19 Pandemic JAMA Intern Med. 2020;180(12):1706-1707. doi:10.1001/jamainternmed.2020.3305

2・Perceived Social Isolation Makes Me Sad: Five Year Cross-Lagged Analyses of Loneliness and Depressive Symptomatology in the Chicago Health, Aging, and Social Relations Study Psychol Aging. 2010 Jun; 25(2): 453–463. doi: 10.1037/a0017216

3・Choking under social pressure: social monitoring among the lonely doi: 10.1177/0146167215580775

4・Emotional attachment to objects mediates the relationship between loneliness and hoarding symptoms, https://doi.org/10.1016/j.jocrd.2019.100487

5・Associations of loneliness with risk of Alzheimer's disease dementia in the Framingham Heart Study, https://doi.org/10.1002/alz.12327

6・A Systematic Review of Loneliness and Common Chronic Physical Conditions in Adults、doi: 10.2174/1874350101508010113

7・Loneliness and social isolation as risk factors for coronary heart disease and stroke: systematic review and meta-analysis of longitudinal observational studies、http://dx.doi.org/10.1136/heartjnl-2015-308790

8・Loneliness and Social Isolation as Risk Factors for Mortality: A Meta-Analytic Review、https://doi.org/10.1177/1745691614568352

9・Loneliness and social isolation increase cancer incidence in a cohort of Finnish middle-aged men. A longitudinal study、https://doi.org/10.1016/j.psychres.2021.113868

10・Effects of Transient Versus Chronic Loneliness on Cognitive Function in Older Adults: Findings From the Chinese Longitudinal Healthy Longevity Survey、https://doi.org/10.1016/j.jagp.2015.12.009

11・https://www.cigna.com/individuals-families/health-wellness/chronic-loneliness

2／4
孤獨可以衡量嗎？

撰文／黃嘉慈

一個人怎麼知道自己是不是孤獨？孤獨可以被測量出來嗎？了解到孤獨對身心的傷害，以及需要付出的社會成本之後，及早測量出孤獨感就很重要，以便及早找出減少身心傷害的方式。

難以捉摸的孤獨

根據Statista網站一項2021年的成人孤獨感調查顯示，全球約有33%的成人感到孤獨。先前研究也發現，經常感到孤獨與壽命減短和增加的身心疾病風險，如心血管疾病、阿茲海默症等有關。更重要的是，**孤獨會讓人對於他人的不友善行爲更加敏感，讓人從社交關係中退縮，因此形成惡性循環**。現在，人們逐漸了解到孤獨對身心的傷害以及需要付出的社會成本，也開始尋找減緩損失的方式。

然而，到目前爲止，能夠預防、診斷孤獨的方法並不多，部分原因在於孤獨感包含許多無法被測量的因素，要評估有其難度，不像測量血壓、拍X光片或感染檢驗那麼簡單。例如，當研究者試圖以調查和統計分析來探討人們的孤獨感、支持感和人際關係滿意度等變項時，會發現這些變項不容易用數字量化；

此外，調查通常會出現偏差，如：樣本的代表性、自我報告資料的準確度等（人們無法解釋或量化自己的感受）。因此，研究者必須清楚研究的限制才能提出具有參考價值的數據。

社交孤立和孤獨爲不同的狀態

雖然，孤獨感的測量有其難度，但卻有其重要性，因爲它仍可提供一個實證基礎，讓我們了解孤獨感對身心健康和社會的影響，進而提供改善的建議。英國國家統計局（Office for National Statistics）指出：現有的孤獨感研究已經發現，孤獨感與一系列不良的健康狀況有關，在老人的孤獨感方面也有較爲可靠和廣泛的數據；不過，對於兒童和年輕人等其他年齡族群的數據仍顯不足。

測量孤獨感之前，我們需要對「社交孤立」和「孤獨感」有清楚的了解，在生活中人們經常將這兩個詞混合使用，但是它們實際上是不同的狀態。**「社交孤立」是指只有很少的社會關係或不常與他人接觸；而「孤獨」則是一種主觀的感受，覺得自己與他人失去連結。**因此，在蒐集孤獨感數據時，將「感受」包含在內是很重要的。

孤獨測量工具

英國國家統計局在回顧現有的孤獨測量方法時，將測量方式分爲「多項目量表」和「單項目量表」兩類，也發現有些測量以直接的問題詢問受訪者的孤獨感，而另一些則透過與孤獨相關的情緒問題，來推斷出受訪者的孤獨感。這些方式各有利弊。英國國家統計局提出一個「黃金標準（gold standard）」，也就是在可能的情況下同時採用直接和間接的問題來建立孤獨感測量標準。《英國老化和理解社會縱貫性研究（English Longitudinal Study of Ageing and the Understanding Society study）》即採用此方法：研究者一方面採用有效和可靠的量表來測量受訪者，另一方面也允許受訪者說出自己主觀的孤獨感受。對於一些不願意承認孤獨的群體（例如：老年男性）則採用不直接提及孤獨的多項目測量來解決資料蒐集的困難。

孤獨測量問卷

爲了更迅速地找到受孤獨困擾的人，英國國家統計局推薦了涵蓋孤獨的不同面向的四個問題來評估成人的孤獨感。前三個問題參考了加州大學洛杉磯分校（UCLA）孤獨量表，最後一個問題則是直接詢問受訪者感受孤獨的頻率。使用加州大學洛杉磯分校孤獨量表是因爲該量表有其效度與信度，而最後一個問題則是允許受訪者說出自己是否感到孤獨，從而瞭解其孤獨的主觀感受。

這四個問題包括：

1．你常感到沒有同伴嗎？ 幾乎沒有／從來沒有／有時候／經常

2．你常感到被排擠嗎？ 幾乎沒有／從來沒有／有時候／經常

3．你常感到自己是孤立的（與他人疏遠）嗎？ 幾乎沒有／從來沒有／有時候／經常

4．你常感到孤獨嗎？ 幾乎沒有／從來沒有／有時候／經常

以下提供一個簡易孤獨量表，方便大衆爲自己或協助身邊的人進行孤獨的測量。

簡易孤獨量表（依據加州大學洛杉磯分校UCLA孤獨量表修訂）

說明：以下內容描述了人們會有的感受。對於每項陳述，請選擇您感受到的頻率。沒有正確或錯誤的答案。

1 你經常因爲需要單獨做很多事情而感到不快樂？
（How often do you feel unhappy doing so many things alone?）

2 你經常覺得沒有說話的對象？
（How often do you feel you have no one to talk to?）

3 你經常覺得自己是如此孤獨而難以忍受？
（How often do you feel you cannot tolerate being so alone?）

4 你經常覺得沒有人眞正了解你？
（How often do you feel as if no one understands you?）

5 你經常發現自己在等待別人打電話或寫信來？
（How often do you find yourself waiting for people to call or write?）

6 你經常覺得自己是完全地孤單？
（How often do you feel completely alone?）

7 你經常覺得自己無法與你周圍的人接觸和溝通？

（How often do you feel unable to reach out and communicate with those around you?）

8 你經常渴望能有同伴？

（How often do you feel starved for company?）

9 你經常覺得自己很難交到朋友？

（How often do you feel it is difficult for you to make friends?）

10 你經常覺得你被他人排擠或拒於門外？

（How often do you feel shut out and excluded by others? ）

計分：

此孤獨量表分數的評估計算方法是：每題如果你回答「從不」得1分；**回答**「很少」得2分；回答「有時候」得3分；回答「總是如此」得4分。然後，把十題加總計分。該測量的**平均孤獨感得分爲20分**。**25分或更高的得分反映了有高度孤獨感**。**30分或更高的分數反映了非常高的孤獨感**。

資料來源：美國退休人員協會（AARP）網站
https://www.aarp.org/personal-growth/transitions/info-09-2010/How-Lonely-are-You.html

3 — 孤獨的三明治世代

3／1
高齡孤獨的表象

諮詢／**吳冠毅**（林口長庚醫院社區及復健精神科主任）
董旭英（成功大學教育研究所所長）
撰文／**李碧姿**

您身邊的高齡者有慢性疾病？獨居或是只和看護同住？或是經歷了重大失落事件，例如家人過世？注意了！這些都是會引發高齡者孤獨感的重要因素。

面對高齡孤獨者，可從身體照顧、提升社交活動，以及善用科技輔助生活著手。

長年以來，八十多歲的李奶奶和先生一直住在南部的透天厝，平常喜歡和鄰居串門子。先生過世後，兒子擔心李奶奶獨居，於是接她到台北，一起住公寓，好就近照顧。平日白天大家忙著上班、上課，就只有奶奶一個人在家。最近，奶奶常打電話給南部的鄰居，抱怨胸悶、頭痛、睡不著，家人也發現老人家整天躺在床上不想動。帶她到醫院，看了好多科醫生，都沒改善，也查不出特定原因。後來醫生建議轉介精神科，醫生跟奶奶聊了很久，最後說奶奶應該是憂鬱、感到孤獨、希望有人陪伴……。

根據台灣高齡化政策暨產業發展協會在2020年針對一千兩百五十六位五十歲以上的民眾進行「台灣銀髮孤獨感暨各縣市銀髮孤獨指數大調查」結果，全台近八成長輩渴望陪伴，超過五成中高齡者自認孤單；且從2017年至2020年，短短三年，中高齡者孤獨感暴增三點九倍；若與英國及加拿大的孤獨感調查做比較，台灣銀髮族的孤獨感皆高出兩成以上。

林口長庚醫院社區及復健精神科主任吳冠毅表示，**高齡者的孤獨感與身體疾病、人際關係受限，以及周遭親人發生變化有關**；如果過去有精神科病史，例如憂鬱症、焦慮症，或長期失眠的病患，更是高危險群。他在臨床經驗中發現，長輩可能會抱怨心悸、胸悶、呼吸困難、頭暈、腸胃不適等，相關科別就醫檢查並沒有明顯異常，看了精神科才知原來是孤獨使然。他提醒家屬，**高齡者孤獨常以身體化症狀來表現，這些雖然也是憂鬱情緒的表現，但要留意的是源於感覺與社會失去連接所造成的負面情緒狀態。**

辨識高齡孤獨的方法

吳冠毅主任提到，有些危險因子可以輔助辨識高齡孤獨，包括：一、有中風、帕金森氏症、心臟與肺部疾病等**慢性疾病**；老年期的憂鬱及焦慮；使用鎮靜劑與酒精濫用等。二、**社會家庭支持不足**，例如只有外籍看護工同住，家人久久才探視。三、**生活發生重大事件**，例如配偶、子女或親人過世。

成功大學教育研究所所長董旭英表示，從相關文獻中提到辨識高齡孤獨的方法有下列九種：

一、**睡眠不好**：當孤獨感增加時，睡眠習慣會改變，容易睡不著，胡思亂想。不過，老人家的睡眠跟年輕人不一樣，可能早睡早起，或一天醒醒睡睡多次，須區分清楚。先了解老人家的睡眠習慣，再看睡眠品質。

二、**不斷購買東西**：一直購買不需要的物品，不論昂貴或便宜，甚至剛買完又去買，也可能是孤獨感使然，不想待在家裡，想見到更多人。

三、**生活環境變化**：社區鄰居搬走，或自己搬家或去與子女同住，需重新適應新環境。

四、**食慾降低**：沒有生病或其他原因，但連續好幾餐都吃不下，沒有胃口。

五、**愛講電話**：老人不停打電話給子女、鄰居，卻沒有話題，例如一直重複問菜買了沒，顯示老人家沒安全感。

六、**行動不便**：長輩一旦走路不方便，移動能力變差，就會影響社交，成爲孤獨的危險因子之一。

七、**自艾自憐**：發現長輩一再提及朋友的孤獨，重複述說因爲老伴去世而子女在國外，哀怨老人家就是這樣孤獨，其實朋友的孤獨也已感染了他。

八、**不願出門**：若發現長輩並非行動不便或無代步工具，但不出門，花在家的時間比以前多，也要注意。

九、**喜歡泡熱水澡**：孤獨的人常喜歡泡熱水。在北歐國家，冬天冷、日照短，較常以此爲辨識高齡孤獨的一種方法，台灣這狀況比較少。

讓高齡者動手做，連接生活

高齡孤獨有多種原因，包括個人或社會因素。董旭英所長進一步說明，個人因素是指身體機能漸漸退化、個人覺得老了沒用等主觀負面感，或朋友一個個走了，社交範圍縮減。而社會因素受不同社會的文化規範，在行動力及經濟能力許可下，應該鼓勵老人發展自己的生活方式，尋找與生活的連接。

面對高齡孤獨，董旭英所長建議可從身體照顧、提升社交活動，以及善用科技輔助生活著手。

一、**身體照顧**：馬斯洛（Maslow）的需求理論強調人的最基本需求是身體照顧，所以照顧高齡者要注意起居及三餐。

二、**提升社交活動**：與人互動很重要，長輩若能夠行動，鼓勵長輩去當志工，培養興趣，擴大社交範圍和品質。他舉例，自己住香港的媽媽，九十多歲去世前，一直很有活力，除了參加老人活動中心課程，也當志工陪伴行動不便的獨居老人，一起吃飯、聊天。

三、**善用科技輔助生活**：台灣科技發達，鼓勵長輩利用科技輔助溝通，特別是行動不便高齡者，可透過網路、3C 產品來維繫和擴展社交關係，也可透過各類科技輔具，增加生活的行動力。

他進一步補充，照顧高齡者千萬不可因他們年紀大，都幫他們做好，應該盡量讓長輩自己做，連接生活，找到自己的價值。

影響功能的孤獨感，應介入

吳冠毅主任認爲，因覺得孤獨而衍生的狀態，會比憂鬱、焦慮等情感顯現，來得穩定。當照顧者察覺有異時，長輩可能已經長期陷於孤獨感很久了。如果孤獨感已經影響到工作、家庭或生活作息，吳冠毅主任和董旭英所長都建議，**應立即就醫；倘若只感到長輩的孤獨感及相關壓力，還沒有影響到功能，應即時給予陪伴**。

董旭英所長也從所學的社會學背景強調，社會文化規範對人們的生活影響甚鉅，比如：電視媒體有許多兒童節目，相較之下，屬於老人的節目很少，節目上新生代習慣的用語、歌曲類別和生活內容，容易讓老人感到格格不入，覺得自己與社會生活環境脫節。他期待政府，對老人照顧除了長照2.0之外，更重要的是推廣與老人有關的節目，**透過大眾媒體，彰顯老人的價值，提供長輩知識性資源，教導他們如何過生活。**台灣過去的傳統價值其實很棒，例如「家有一老，如有一寶」的說法，從社會學觀點來看，就是給予長輩尊重。

在講求速度、創新的現代社會生活，老人已不再擁有崇高的社會地位，很容易產生孤獨感。董旭英所長認爲，社會應該關心這些會爲家庭、社會付出的長輩，讓他們覺得受到尊重，這是家庭與整個社會需要思考的議題。

3／2
說不出心內話

諮詢／林家興（臺灣師範大學教育心理與輔導學系教授）
賴德仁（中山醫學大學附設醫院身心科醫師）
撰文／黃苡安

身邊的長者突然不與人互動、不讀訊息、變憔悴、跟以前不一樣了？若發現他們開始刻意與人疏離，要主動去了解他們的生活狀態：是否生病了？是否有親近的人生病或過世或是有其他因素？給予傾聽和陪伴，消除他們的孤獨感，能避免長者陷入憂鬱。

六十八歲的阿美老師自從女兒十年前嫁至國外，便獨居在舊公寓四樓，退休頭幾年，她四處旅遊、學陶、和陶友相約看展，生活過得愜意。未料近年罹患類風濕性關節炎，手腳關節變得不靈活，連扣鈕釦都很吃力，下樓梯更是舉步維艱，萬不得已要出門，一定規劃一長串行程：到醫院回診、領慢性病處方箋、跑銀行郵局、採買日用品……一次滿足所有需求，以減少上下樓梯的次數。朋友雖然很關心她，卻讓她很有壓力，於是她刻意與人疏遠，通訊軟體 Line 幾乎成爲她與外界互動的唯一管道。

高齡社會，獨老問題日益嚴重

2025 年台灣將邁入超高齡社會，屆時每五人就有一人是六十五歲以上長者，類似阿美老師的案例只會更多。根據台灣高齡化政策暨產業發展協會2020年所做的「銀髮孤獨感指數調查」，結果顯示，逾三成長輩無人陪伴慶生，平日獨自吃晚餐的比率也有14.5%，更有9.4%無人陪伴動手術。

中山醫學大學附設醫院身心科醫師賴德仁長期觀察也發現，有愈來愈多長者是搭計程車或復康巴士自行就醫，顯見獨老問題日益嚴重。他表示，**相較於健康的同齡者，健康狀況欠佳的獨居年長者比較容易陷入疏離、孤獨狀態**，他們的人際互動僅透過Line或電話連繫，沒有面對面的情感交流，再好的交情久了也會疏離，「**孤獨雖然不是疾病，卻會增加憂鬱、失智的風險。**」

相較於年輕世代，六十歲世代面臨身體退化、生老病死，還有退休後財務等問題，壓力更沉重。這個年紀也是典型的三明治世代，肩負著照顧上、下兩代的責任，此時可能還忙於事業或身體已有病痛，照顧起年邁父母顯得力有未逮；而子女即便成年，有的宅在家啃老，有的靠爸資助買房成家，都讓六十歲世代覺得心好累。

「生病時，孤獨感會更深。」臺灣師範大學教育心理與輔導學系教授林家興指出，阿美老師未超前部署，提早換至低樓層或電梯住宅，病痛、老屋及缺乏無障礙設施的居住環境，使得她猶如困居囚籠，逐漸離群索居。賴德仁醫師表示，**長者一旦行動受限，恐影響就醫意願，疾病難以控制，飲食也可能草草打發，造成營養不良，加上人際往來變少，內心的孤獨感會更強烈。**

就業環境不友善、不擅使用科技產品也成爲與人隔閡之因

六十歲世代也面臨退休，甚至被退休的壓力，國人平均壽命可以活到八十多歲，如果沒有足夠的積蓄或退休金支應未來生活及醫療開銷，老後生活堪憂。若需要二度就業，也要考慮是否具備足夠的專業能力？更何況台灣社會對中高齡求職者並不友善。一名高齡九十六歲的爺爺，參與長照訓練後取得證書及認證，**由被照顧者轉變爲照顧者的角色，實踐活到老、學到老的精神**，林家興教授認爲，六十歲世代的初老者如果有體力也有意願，從事長照工作，也許是一條出路。

此外，社會是否尊重高齡者，也是一個關鍵。身處在3C時代，六十歲世代要跟上時代愈來愈難，擔心不熟悉網路與資訊軟體會被淘汰，甚至被退休，或像是許多辦公設備已整合爲多功能事務機，六十歲世代得重新學習如何影印、傳真，往往因爲記不住操作步驟反覆詢問，造成年輕同事不耐煩，覺得怎麼連這個也不會？若是平時疏於經營親子關係與人際互動，更容易產生人際隔

閡，都是導致孤獨的原因，而且無人可訴說傾聽，既不敢和另一半開口，也難以對同輩啟齒。

喪偶是造成六十世代孤獨最大的衝擊

然而**造成六十歲世代孤獨的最大原因，專家一致認為是喪偶**。林家興教授指出，夫妻長年共同生活，相互照料，形成緊密的依附關係，一旦另一半離開，整個生活秩序被打亂，會非常不適應，孤獨感將更強烈，而對退休者來說，社會連結度已不如以往，喪偶後適應會更困難。

賴德仁醫師表示，喪偶可能引發憂鬱，甚至自殺。若察覺喪偶者有自殺傾向，或憂鬱症狀持續兩個月以上，或以往有憂鬱病史，就要特別留意，而憂鬱也會增加失智風險。尤其我們的傳統文化對於大齡女性喪偶給予較大壓力，她們可能不敢再像從前那樣打扮自己，穿得漂漂亮亮出門社交，以免被誤認爲招蜂引蝶，因此變得退縮、孤獨。

六十歲世代其實不太透露心事或表達孤獨感受，旁人只能透過外顯行爲看出一些端倪，例如，突然不與人互動、不讀訊息、變得憔悴、穿著暗淡、雙眼無神、說話有氣無力，變得跟以前不一樣了，可能是自己或家人生病、親人過世、經濟出問題，導致與人開始疏離，這時**最怕朋友追根究柢過度關心，沒有同理他的心情，其實他們最需要的是傾聽支持和陪伴，也要留意他們是否罹患憂鬱症了。**

如何避免陷入孤獨危機？林家興教授建議，**六十歲世代以上的人，好好感受自己的需求，不要太過壓抑**，有些人不想讓子女、親友知道自己的難處，自己設法解決卻陷入更深的孤獨；也有人因爲孤獨而慣於親情勒索，子女不來探視就責怪不孝，或一直奪命連環 call，要子女隨 call 隨到，當事人不覺得自己有問題，子女卻很困擾。

如果在人生每個階段，都能結交到志同道合的朋友，**擁有自己的社交網絡就比較不會鑽牛角尖。建議多建立非親屬的支持系統**，例如同好、同事甚至跨世代的朋友，將朋友圈擴展至年輕族群，自己的生命經驗可爲年輕世代提供指引，也能在年輕人身上學習到新事物，彼此滋養、提升自我認同，這些都有助於消除孤獨感。

林家興教授分享自身經驗，他和以前教過的學生成立Line好友群組，經常互動交流，延續師生情誼；他的同事蔡老師則是和一群跨世代的朋友組成讀書會，接收各種多元觀點，經常能發現新的想法和點子，收穫良多。

賴德仁醫師認為，孤獨是自己定義的，本身覺得自在，就不是太大問題，有些人也很享受獨處的感覺，但要注意不要讓自己離群索居，長時間不與人互動，也不動腦看書或做事，小心慢慢會產生失智的問題。

3／3
大齡男女情感的各自表述

諮詢／**林家興**（臺灣師範大學教育心理與輔導學系教授）
賴德仁（中山醫學大學附設醫院身心科醫師）
撰文／**黃苡安**

只有女性會坦承自己孤獨以獲取情感支持？男性不能示弱，不能輸，因此不會有孤獨感？

研究顯示，結婚或有親密伴侶可以改善孤獨，但若男性只把妻子做爲情感支持唯一來源，一旦離婚或喪偶，就會有很強烈的孤獨感，而有情感支持系統的女性，則需要維持社會連結與歸屬感。

林媽媽心臟病發作，來不及留下遺言就撒手人寰，林伯伯每天哭得死去活來，大家都覺得他很深情，沒想到，才隔一年多，他就交了新女友，還打算再婚，四名成年子女說什麼也不同意，認爲爸爸都一把年紀了，幹嘛這麼高調，交朋友沒關係，但絕不能娶進門，一家人就這樣鬧僵了。場景轉到另一個家庭，阿梅姨的丈夫在她三十六歲時過世，當時孩子剛念小學，她含辛茹苦把孩子養大，曾有人要幫她介紹對象，但她說才不想再嫁。

爲何男女如此大不同？原因不難理解，女性有較多的情感支持系統，雖然偶有孤獨感覺，但如果可以參與一些社團活動，加上不需再服侍公婆與丈夫，反而可以更自由自在。反觀男人，在婚姻裡往往是被照顧者，一旦喪偶，日常生活沒有人打理，加以年長後較少與人互動，因此渴望再婚被照顧、排解孤獨。

男性多依賴單一情感支持來源

臺灣師範大學教育心理與輔導學系教授林家興分析，男性在成長過程被灌輸要勇敢、不能輸，肩負許多社會期待，坦承自己的孤獨會被認爲是弱者，男性在一起喜歡談政論、汽車和美女，如果吐露心事，會被取笑「幹嘛講這些有的沒的」。女性就沒有這種包袱，有心事可以跟閨蜜傾訴，**述說過程還有安撫神經系統、幫助平復負面情緒的功能**。此外，女性通常和孩子的關係也比較密切，即使喪偶，還有緊密的親子關係，彼此支持，且比較會打理日常生活，較能獨立生活，不需依賴他人照顧。

有研究顯示，結婚或有親密伴侶可以改善孤獨，尤其是男性。有些男人將妻子做爲情感支持唯一來源，很依賴妻子，一旦離婚或喪偶，會有很強烈的孤獨感，像林伯伯喪偶後，頓時失去情感支持，天天以淚洗面，這種心情在生病時感觸會更深，需要有人陪伴就醫、張羅飯菜，身心都需要受到照顧。子女們如果可以輪流陪伴，並協助他增加自我照顧的能力，可以減少孤獨感。

中山醫學大學附設醫院身心科醫師賴德仁指出，台灣的自殺率與失業率息息相關，根據統計，中年男性自殺人數從2015～2019年皆居全國自殺總人數之冠，以2019年爲例，三千八百六十四人自殺身亡，中年人就有一千四百八十三人，其中男性九百七十人，女性五百一十三人，男性人數遠多於女性。**面對工作壓力，許多男性被「不能認輸、男人是強者」的觀念害慘了，縱使難過也不願對外求助「我快不行了」，於是用藉酒澆愁處理內在的孤獨，忽視自己的情緒反應與需求，甚至以自殺的方式來解決。**

年齡增長，男女孤獨感受差異大

男女孤獨感的差別到六十歲以上，甚或八十歲以上更明顯，有些男性退休後不知如何度日，尤其是過去生活裡只有工作，沒有休閒嗜好或參與社團活動、不太與人互動者，是很孤獨的族群，退休後可能到處批評、在家發脾氣，尤其職位做到很高的男性，心境落差更大，以前在公司被阿諛奉承，回歸家後不再受擁護，成天囉哩囉嗦，被妻子和家人討厭，更容易變成孤獨一族。

賴德仁醫師指出，以前社經地位很高的男性，可能放不下身段參加社區活動，不妨藉由旅行、含飴弄孫增添幸福感，否則很難走出孤獨，尤其喪偶會更孤獨。其實最好的方式，**中年就參加一些團體並結交朋友、培養興趣或技能，有同好一起交流就不無聊，像是學習園藝、語文、繪畫、書法與樂器都不錯。**

至於女性，賴德仁醫師提醒，仍有兩個族群要特別注意，**一是未婚且無親**

密伴侶者，白天上班，晚上獨處，長期下來可能變得孤獨卻不自知；**二是進入空巢期的女性**，當孩子長大離家，突然不知爲誰而活，不被需要的感覺很失落，此時要讓自己有事可做，無論是姊妹淘聚會或嘗試新事物，例如學習年輕時沒機會學的東西，爲自己圓夢，或參加志工活動增加與社會的連結及歸屬感。

被喻爲日本最強阿嬤的西本喜美子可做爲典範。退休後她和兒子一同報名攝影課程、七十四歲學P圖，沒想到卻意外開啟事業第二春，網友都被她驚世駭俗的照片逗樂了，無論是被車輾過的驚險瞬間、狂飆電動機車的「高速婆婆」，或是騎掃帚大玩女巫cosplay，一張張創意爆表的照片，讓她在IG上擁有二十六萬追蹤者。

每天做一件讓自己開心的事，改變感受

林家興教授感慨，網路社群媒體愈來愈發達，人們卻愈來愈孤獨，朋友看似很多，其實很表淺；孤獨雖不必然是壞事，但**長期孤獨有害健康，覺察孤獨是改善孤獨的第一步，一旦覺察接著要思考如何改變**，例如與其抱怨沒有朋友要理你，山不過來，你就過去吧！先從你最想念的人開始聯絡，幫自己找回社交關係，老朋友有情感基礎，重新連線會比交新朋友來得容易，不去嘗試怎麼

知道不會成功？**每天做一、二件事練習，感受一下每踏出一小步的感覺如何？或是每天做一件讓自己開心的事**，例如泡一杯好茶、買一盆小花、到公園散步或去郊區泡溫泉，一年下來就有三百六十五件微小而愉悅的事，透過改變，讓自己感覺每天都好一些。

4

察覺他的孤獨

4／1

大家都不了解我——二十世代的孤獨

諮詢／**陳質采**（衛生福利部桃園療養院兒童青少年精神科醫師）

撰文／**鄭碧君**

提到孤獨，你會想到什麼樣的畫面？獨居的老人？沒有朋友或親人在旁的畫面？

事實上，二十歲左右的年輕人可能比其他年齡層的人更容易感到孤獨。對未來感到迷惘和渴望獲得親密情感，可能是讓年輕人感覺孤單的潛在原因。

年輕人感覺孤獨，反而有助思考如何透過適切的行動或途徑，重新與人們建立更緊密的連結。

「這種感覺就像在某個聚會上，我一個人坐在角落喝飲料，而其他人都在舞池裡和他們的愛人或朋友開心舞動。無論我心裡多麼想加入，都做不到；我被困在座位上，也沒有人能看見我。」

「這是一種很奇怪的身體感覺。與其說是心痛，不如說是內心空虛，彷彿空無一物般，呼吸也越來越沉重。」

「雖然身邊有一群我認識和愛著的人，但我卻覺得自己並不在當中。甚至假使我消失不見，他們也不會注意到。」

針對「孤獨」，幾位年輕人如此描述他們自身的經驗和感受。

誰更容易感到孤獨？研究：年輕人發生率恐比長者高

提到「孤獨」，或許大多數人會很快聯想到一個老人獨居、沒有朋友或親人在旁的畫面。這的確反映了某些現實，但並不能代表全部。會感到孤獨而爲此悲傷、痛苦的人，不侷限於年長者。事實上，二十歲左右的年輕人可能比其他年齡層的人更容易感到孤獨。

2018年12月，英國國家統計局（Office for National Statistics）發布的一份報告指出，**年輕人孤獨感的高峰會發生在幾個關鍵時間點：剛就讀中學時、中學畢業，即將進入成人世界開展獨立時**；並且，有10%的十六至二十四歲年輕人說自己經常感到孤獨；而成年人說自己經常或總是感到孤獨的比例，僅有6%。隔年，英國的一家市場調查和數據分析公司YouGov針對二千多名成年人調查，則揭示了更爲驚人的數據：十八至二十四歲的英國人表示他們在某種程度上感到孤獨的比例高達88%，其中經常感到孤獨的人有24%；而五十五歲以上的人有70%在某種程度上感到孤獨，有7%的人經常感到孤獨。

另一項由澳大利亞健康促進基金會（The Victorian Health Promotion Foundation）所進行的孤獨感調查發現，在一千五百二十位年齡介於十二至二十五歲的維多利亞州人裡，坦承自己每週至少有三次感到孤獨的比例高達35%。

是孤獨或其他感受？辨識關鍵在於「連結感」

年輕人爲何會有如此高的孤獨感？桃園療養院兒童青少年精神科醫師陳質采說，單獨一個人，不一定就是孤獨；而被親人、朋友包圍著，也不表示原本存在的孤獨感就能消除，因爲，孤獨感的經驗儘管人人不同，但共同點是與他人和自我缺乏足夠的連結。有時，有部分的年輕人渴望被重視、被看見、被讚賞，但是當他未能獲得預期的正面反饋時，可能也會產生「沒人欣賞我，我好孤單」的失落心理。不過，陳質采醫師解釋，「**孤獨感是一個人感覺自己與外界隔離、和別人不一樣、與周遭缺乏連結，而感到不愉快的狀態。**」因此，可能要釐清這究竟是失落，還是孤獨？

年輕人孤獨感較高的潛在原因

本該是青春洋溢，對未來充滿無限想像的年輕族群，爲什麼反而會有強烈的孤獨感？陳質采醫師歸納出兩個主要因素：

一、**對未來感到茫然**：此族群正處在即將轉變成大人的階段，必須面對新挑戰，例如離家到外地讀大學，或是脫離學生生涯進入職場工作。未來對他們來說，有著諸多的不確定性，包含將來工作該朝哪個方向發展、人際關係可能面臨中斷或新展開等。在獨立前的過渡期，他們可能得付出更多努力來建立新的關係，不僅要與同齡人互動，也要和不同年齡的同事、族群相處，在學習的過程裡需要不斷的反覆嘗試與調整。此時，若身邊沒有能夠共同討論、給予支援的人時，孤獨感便油然而生。

二、**渴望開展親密關係**：由於這個階段正進入性的第二期成熟，特別渴望擁有親密關係，因此看到其他人有親密的朋友，自己卻沒有時，會感到孤單。再者，這種孤獨感有時還會摻雜其他複雜成分，像是對自己的長相、身材、表現、生活等種種的不滿意，以及伴隨而來的自卑感，導致他們主動切斷與外界的連結，或因自身的自卑脆弱而無法平和地看待他人，影響到他們與人的關係。

網路社交媒體的普及，也會引發孤獨？

現代人的生活幾乎離不開手機、網路與社交媒體。過於依賴網路社交媒體與人進行互動、交流，也會感到孤獨嗎？根據一項2017年發布於《美國預防醫學雜誌（American Journal of Preventive Medicine）》針對一千七百八十七名十九至三十二歲族群的研究結果，發現最常上網的人（定義爲每週使用至少五十次以上），和每週最少上網的人（上網少於九次）相比，感到社交孤立（指處在社會邊緣，與人缺乏聯繫，因此常常會導致孤獨感）的機率高出三倍之多。

陳質采醫師認爲，網路社群本身未必是問題，因爲我們能透過網路社群與他人連結，但對無法控制的網路社群世界抱持過高或不當的期待，也容易因失落而有隔離感。況且，還應注意到，在使用網路社群時，背後是否有其他待解決的需要？使用過程中出現哪些負面影響或現象？舉例來說，開始時可能只是覺得有點孤單而進入網路世界，後卻因過於沉迷以致無法正常處理工作、學業等；或是冀望網路來解決內心的孤單感，這時就會產生問題。

一項2018年發表於《心理學透視（Perspectives on Psychological Science）》期刊的論文亦表明，**當網路被用在強化現有關係和建立新的社會聯繫時，是減少孤獨感的有效工具；但是當網路被用來作爲逃離實際社交、避免被人拒絕，或避免失去人際互動而導致的痛苦時，反會增加孤獨感。**該研究同時發現，孤獨者更喜歡以網路交流取代現實生活中的社交關係。

有效減輕孤獨感，先找到問題根源

然而，有孤獨感不是壞事，能夠意識到自己和周遭連結變得薄弱，其實有助於思考該如何透過適切的行動或途徑，重新與人們建立更緊密的連結。要尋找合適自己的解決方案。**第一步，應先想想自己爲什麼會感到孤獨，釐清孤獨背後是否有其他必須予以處理的眞正原因**，比方說，有的人是想尋找志同道合的夥伴而不可得；有人覺得別人都不了解自己；有人則是因經歷人生轉折而感到迷惘……。針對較常見的幾種狀況，陳質采醫師提供以下實用方法：

一、**覺察自身所需的人際功能**：一般認爲強化人際連結和社會參與，有助於排解孤獨。若發現現階段自己和同齡或過去結交的朋友，無法形成良好交集時，可考慮另外尋求新的交友圈。不過，要「找到適合的對象」非常重要，要先花點時間問問自己「我希望發展的連結是朋友、同好或伴侶」、「交友的目的與期待爲何」再開始。否則即便結識了許多新朋友，還是會感到焦慮、失落、不滿意。

二、**學會和自己相處，並培養興趣嗜好**：與萬事萬物有所連接、生活有活力的人，相對較不容易感覺到孤獨，這意味著他能自愛自處，且有足夠的能力和經驗去整合生活中的意義和目的，可以藉由藝術、音樂、文學或大自然等，感到自己和萬事萬物之間的連結。因此陳質采醫師建議年輕人，應找到至少一樣足以吸引自己的活動，以便分散注意力，降低孤單、寂寞感受。若是可以達到從事時絲毫不感到時間流逝，進入一種所謂「出神、忘我」的境界，將能帶來充實、愉悅、滿足等正向情緒。

三、**踏出第一步**：若是因對未來感到茫然，卻缺乏可以支持、討論、分享的人而感到孤獨，也別只停留在「想」卻不採取任何行動。若目標還不明確、不知該朝哪個方向走，那麼只要是自己不討厭的，都應嘗試看看，許多事可能都和你想像的不太一樣。萬一發現不喜歡就再想下一步，即使只有前進一點點，都比完全靜止不動來得好。

四、**學習表達、反思並換位思考**：「大家都不了解我」是不少年輕族群都會說的一句話。有時候可能是他們還沒準備好去面對真正的問題，才會有自憐自艾的心態而覺得孤單。因此需弄清楚「究竟想要別人了解我的哪些部分」、「這種了解對我有何意義」、「是否有試著換另一種方式或說法讓別人了解我」，並同理他人：對方目前的處境有辦法了解我嗎？他會不會也有自己的困難點？每個人都有被他人了解的需要，也各有不同的生命任務，學習表達、反思，勇敢面對，才能走出孤獨的窠臼。

4／2

網路使用過度／網路成癮也孤獨

諮詢／**吳冠毅**（林口長庚醫院社區及復健精神科主任）
陳質采（衛生福利部桃園療養院兒童青少年精神科醫師）
董旭英（成功大學教育研究所所長）
撰文／**李碧姿**

使用網路與他人進行溝通互動已經成爲生活中的常態？每天花多少時間在網路上？總是想在網路上尋求慰藉？

多項研究已指出，孤獨感是造成網路成癮重要的影響因素之一，網路使用過度與憂鬱症也有關。社交孤立和孤獨感會增加罹患憂鬱症的風險，並可能增加焦慮。

小傑是內向害羞的孩子，朋友少，不喜歡參加親友和同學聚會，覺得談不上話。上了高中，他在學校還是不太能交到朋友，放學和週末假日，只能窩在房間花大把的時間上社交媒體網站，發表文章，在讚美和按讚中尋找慰藉。剛開始，他很喜歡被關注的感覺。新冠肺炎疫情升溫後，學校停課，他花更多的時間上網尋找歸屬感，但當他拔掉插頭離線時，與他人和世界連接的感覺一併消失，孤獨感強勢來襲……。

孤獨與網絡成癮有關嗎？

國外研究發現，**感覺孤獨會增加網路成癮的風險**。桃園療養院兒童青少年精神科醫師陳質采指出，新冠肺炎病毒肆虐期間，在維持社交距離的防疫要求下，青少年的孤獨感有明顯增加的趨勢。孤獨的青少年於是轉往網路尋求慰藉，增加了上網成癮的風險。一項發表於2021年《兒童發展雜誌（Child Development）》以一千七百五十名芬蘭青少年爲追蹤對象的研究顯示，不當網路使用（Problematic Internet Use）的風險與孤獨感相關。該研究的計劃主持人，赫爾辛基大學的教育系教授凱薩琳（Katariina Salmela-Aro）表示，新冠肺炎疫情期間，青少年的孤獨感明顯增加。他們從網路上尋找歸屬感。**孤獨的青少年上網易有成癮的風險。網絡成癮會進一步加劇他們的不適，例如憂鬱症。因此，解決孤獨問題也是防止過度使用網路的重要渠道。**此外，陳質采醫師也指出，與孤獨感的強度相比，孤獨感的持續時間與心理健康狀況的相關性更強。**孤獨感的時間延續越長，越容易出現有害的網路使用現象，也越容易出現各類身心健康問題。**

成功大學教育研究所所長董旭英也提到，根據他的學生顏美如的《影響大學生網路人際吸引因素之研究》（2003），和戴怡君《使用網路進行互動者特質之探討》（1999）發現，人際關係越差，越覺得自己孤獨者，上網的頻率會越高；而越常掛在網上，越少跟人做面對面的接觸，也會越來越孤獨，產生惡性循環。他強調，上網次數多，的確有可能讓人增加孤獨感，不過仍須視個人人格特質和使用網路的目的而不同。**整體來講，若常藉用網路作爲人際交流的**

唯一管道，比較容易產生孤獨感，因爲網路無法取代人類眞實的感情。

林口長庚醫院社區及復健精神科主任吳冠毅也提到，依據方紫薇的論文《網路沉迷、因應、孤寂感與網路社會支持之關係：男女大學生之比較》（2010）顯示，青少年或大學生的成年早期，孤獨感是造成網路成癮重要的影響因素之一，孤獨感受能有效預測網路過度使用行爲。從腦科學研究觀點來看，**孤獨感是腦部回饋中樞活化，與口渴或飢餓本能一樣，若一直無法滿足，腦部會不斷發出訊號驅使行爲改變，網路使用只是驅使行爲的其中一種**，過度借助現代網路社群快速按讚或關注方式來解決孤獨，容易造成網路成癮，是不健康的因應孤獨問題方式。

網路成癮仍然逃離不了孤獨的黑洞

吳冠毅主任表示，網路成癮者常會在網路上發表意見，但在實際生活上，人際關係非常貧乏，不易與人互動。因爲網路成癮者的孤獨感不易辨識，不像老人那樣容易從環境、身體疾病看到，除非他們訴諸文字或語言。他提醒老師或家長，**要留意青少年若出現輕微憂鬱現象、對未來悲觀、常常覺得疲倦、易怒、抱怨沒人理解、沒人可以談心，這些都是孤獨感的問題。**

董旭英所長提到，朋友少、個性內向、人際關係技巧不佳、沒有眞正朋友的人，比較會逃避到網路上，透過網路塡補孤獨與空虛。剛開始，還覺得塡補了一些空虛，但過了一陣子發現，仍然無法得到眞正的情感支持，因而又產生失落感，更增加上網時間，如此惡性循環。他認爲，**過度使用網路會弱化人與人面對面的溝通技巧，以及對眞實感情的判斷**；特別是爲了得到更多支持而利用網路捏造事實，塑造受歡迎的假象，但回到眞實世界又發現自己並非有能力的人，會很難面對自己，這樣反而更糟。

陳質采醫師補充，相關文獻也顯示，使用社交媒體的時間與孤獨感呈正相關。從2017年《美國預防醫學雜誌》發表的研究來看，年輕人每週使用社交媒體多於五十次，他感知到社交孤立是每週上網少於九次者的三倍。

覺察問題，發展多元興趣

在網際網路發達的時代，使用 Facebook、Instagram 等社交媒體與朋友保持聯繫已成爲生活的一部分。董旭英所長分享，他不會跟學生說不要使用網路，而是告訴他們，過度使用的可能原因是什麼？以及會造成的影響？他會跟學生強調，**人的價值在於保有情感和情緒表達，這是網路所沒有的**。

吳冠毅主任也提到，不是不可以用網路與人連結，而是不要只透過虛擬網路得到情感上的滿足，要培養多元興趣，這樣下線後，仍有現實世界的實質聯繫，爲生活增添活力和交流，就能達到平衡。另外，網路過度使用者，通常在學校的人際關係不佳、個性也敏感，他建議老師或同學，一開始不用刻意與他建立關係，可以先試著問他最近如何？**以噓寒問暖的關心開始建立關係**；而家長也要多留意小孩情緒與行爲的變化，常關心一下學校情況，好朋友有誰？在一起聊或做什麼？而不要一個勁兒的責罵或限制網路的使用。即使是國小兒童，他們都有遠比大人想像的還抽象、複雜的心理感受，就算沒有觸及孤獨的議題，這樣的交流也會提供孩子心情的依靠與安定的情緒。

董旭英所長表示，因爲發現網路使用過久，會增加兒童及青少年的孤獨感，所以歐洲和美國從國小開始，著重情感教育和情緒教育。當發現兒童及青少年網路使用過多，產生孤獨感時，他建議：

一、**增加現實世界的社交活動**：如參與實體社團活動、參加團體性運動。

二、**加強人際溝通技巧**：由學校和政府提供人際溝通技巧的訓練與交流場所。

三、**加強媒體的教育宣導**：透過媒體宣導生活宜多元化，人際社交不能只仰賴網路，多花些時間在現實世界的學習、工作，以及與人的接觸。

董旭英所長強調，跟老年人一樣，年輕人宜發展多元性興趣、團隊的社交互動，譬如打籃球、爬山。陳質采醫師也認爲，與人事物的連接，感受到自己是世界的一份子，其實是重要的。我們可以在喧囂的世界中感到孤獨，也可以隱世的大自然環境中感受到與萬物連接的快樂與滿足。人終究要學會和自己獨處，**獨處就如雙面刃，非自願獨處的負面體驗會引起壓力和麻木，造成身心不適、空虛、焦慮、恐懼，也會覺得自己是透明人，感受到孤獨。而自我選擇的獨處，帶來的正面體驗是自由、冷靜和復原、創造力和意義，以及反思、充電和個人成長**。因此，建議可先讓青少年體驗自我的存在，譬如提供任務，協助與現實世界連接。雖然改掉耽溺在網路世界的習慣並不容易，但給予引導、增加其他任務還是第一步，爲每個小進步喝采增強，鼓勵參加喜歡的社團（旅行或看電影等），結識志同道合的朋友，一起進行現實世界喜歡和期待的事情，擁有共同的體驗後，更容易找到可以聊的話題和世界重新連接。

4／3
埋藏心裡的職場孤鳥

諮詢／**吳冠毅**（林口長庚醫院社區及復健精神科主任）
陳質采（衛生福利部桃園療養院兒童青少年精神科醫師）
董旭英（成功大學教育研究所所長）
撰文／**李碧姿**

處在人聲鼎沸的職場環境中，卻沒有與任何人產生連結？工作上，總覺得沒有獲得支持、協助，或是正向的回饋？

研究指出，感覺孤獨的工作者，他們的工作績效較差，對公司比較沒有歸屬感，也不太接近同事。

小美2019年結束國外工作回台灣，在家待了一陣子。2021年初，新型冠狀肺炎依然肆虐全球，她找到一份兼職的行政工作，一星期只要到辦公室三天，工作內容主要都是臨時交辦事項，自主性少。由於不須參加相關會議，跟同事互動又少，讓她覺得孤獨，與同事格格不入……。

職場孤鳥的特質

林口長庚醫院社區及復健精神科主任吳冠毅認爲，**在職場上孤不孤獨，關鍵在於能不能得到支持、協助，或正向回饋**。相關研究報告提到，職場孤獨和工作內容也有關，通常自主性少、單調刻板、待遇低的工作，像是兼差、職務代理，或新進人員，原來就較不容易融入成爲團隊一份子；若缺乏適時協助，孤獨感就會越來越強烈。也有報告指出，主管人員因角色關係無法跟同仁分享，也會有孤獨感。

這樣的**孤獨感有時也是環境和個人特質交互影響的結果**。成功大學教育研究所所長董旭英表示，職場中，孤獨感高的人被認同的機會也較低，因不想與人溝通，不相信別人，也容易發生下列影響：

一、防衛性和警惕性高：多數交友謹慎，拒人於千里之外。

二、缺乏暢通的溝通管道：孤獨沒朋友，當需要協助時得不到幫忙。

三、對工作感到疏離：對於工作的態度得過且過，不被炒魷魚就好，表現與其能力有落差。

電子郵件、簡訊等，爲工作場所增加了便利和效率，卻限縮了人與人面對面的聯繫與交流。桃園療養院兒童青少年精神科醫師陳質采提到，根據加州州立大學企業管理學教授哈坎（Hakan Ozcelik）和賓州大學企業管理學教授希格爾（Sigal Barsade）近期的研究，在人潮擁擠的辦公室裡卻還感到如在無人島上的員工，會嚴重影響其職場表現，包括：工作績效較差、比較無法投入公司，也不太接近同事。

在《如何在工作中快樂》一書中作者安妮（Annie McKee）也強調，「**工作中的人際關係和友誼，對於工作場所的幸福感、參與度和生產力，絕對至關重要**」。孤獨的員工可能會陷入難以擺脫的負面循環，往往推開試圖提供幫助的人，最終導致公司人才流失。

如何察覺職場的孤獨感？

如何察覺職場的孤獨感呢？陳質采醫師以紐西蘭坎特伯雷大學（University of Canterbury）的研究爲例，Wright, S.L. 等學者**把職場孤獨分爲「情感剝奪」和「社會陪伴」兩大因素來測量。情感剝奪指的是員工對職場人際關係中所感受到的情緒品質；而社會陪伴則是指職場社交網絡如分享、在一起的時間等可量化的部份。**相關題目如下：

項目	題目
一、與情感剝奪項目相關	1. 當我在工作壓力下時，我經常感到被同事拋棄。
	2. 我經常感到被同事疏遠。
	3. 我覺得自己正在遠離和我一起工作的人。
	4. 我經常對與我一起工作的人感到疏離。
	5. 我對職場的人際關係感到滿意。
	6. 我在職場感受到友誼。
	7. 當我和同事在一起時，我經常感到被孤立。
	8. 我在職場經常感到與他人脫節。
	9. 我在工作中通常會感到空虛。
二、與社會陪伴項目相關	10. 我在工作中有社交陪伴／團體。
	11. 我覺得自己融入工作的社交圈。
	12. 如果我需要協助，我能與職場某人談論我的問題。
	13. 如果我想要討論，在職場沒人可以與我分享個人想法。
	14. 如果我想要，我可以與職場某人共度休息時間。
	15. 我覺得自己是職場朋友群的一份子。
	16. 在職場中有人不厭其煩地聽我說話。

這兩大因素包括積極和消極、非工作支持的題目，反映了缺乏適當的社會支持是孤獨感強烈的預測因素。這社會支持指的是職場的友善環境，包括他們的福祉受到來自職場的重視，以及可接觸到來自同仁的關心或幫助等。

認識並理解人們在職場感到孤獨的情況，關注職場人際關係發展和品質，有利於增進個人和組織的幸福感。

如何擺脫職場孤獨感？

英國著名的就業網站 Totaljobs 於 2018 年的一項調查發現，63%的孤獨員工認爲公司沒有採取任何措施協助員工對抗職場的孤獨感。孤獨感也導致員工每年平均請五天病假。

組織如何協助員工應對職場的孤獨感呢？「**協助員工彼此建立連結。**」陳質采醫師建議，例如以讚賞個人或團隊的辛勤工作來培養歸屬感、以簡短的便條、電子郵件、微笑和對出色工作的認可，表達感謝。董旭英所長也提到，要給予職場孤獨者多一點情感支持。吳冠毅主任則建議要主動和同事建立良好人際關係、工作上互動與互助，**多留意身旁的同仁行爲與情緒上的變化：主動詢問，並以同理心回應**，當發現同仁的孤獨已是長久狀態，甚至已影響到工作或生活，可建議同仁尋求專業協助。

綜合以上所述，改善員工的職場孤獨感，在制度和領導上，公司或組織可以如此運作：

一、**員工到職前即開始協助員工融入組織文化**：新員工面臨著駕馭新工作流程和文化，以及建立新關係的任務，這普遍會讓他們感到孤獨。因此，到職前介紹公司組織的工作文化，有助於讓他們適應周圍環境。

二、**建立團隊夥伴文化**：分組工作使員工能夠互動和聯繫，在工作之外也更加了解彼此。指派工作夥伴不僅幫助員工學習，也是員工可以信賴的人。好的夥伴是員工面臨工作和非工作相關問題時可以聯繫的對象。讓員工有機會在職場結交朋友，避免孤獨感。董旭英所長強調**與同事溝通，可主動關心，交代完工作後 可嘗試加些感性關懷**，例如「最近很棒？」、「小孩最近怎麼樣？」。

三、**製造機會聯繫，鼓勵眞誠互動**：製造機會溝通交流，例如團隊午餐或舉辦公司文康團體活動。有時享用免費食物也會激發員工之間的對話，或利用上班時間出遊，或邀三五同事相約聚餐等與工作無關的社交活動。走出辦公室，更可能敞開心扉，建立職場外的人際溝通，了解同事喜歡的活動與興趣。Totaljobs 的研究也發現，13%的員工害怕被認爲軟弱影響職業生涯而不會向人傾訴。讓員工信任辦公室是可以分享煩惱的安全空間很重要，「大門將永遠爲他們敞開」。另外，現行員工因新冠肺炎疫情防疫措施，習慣透過虛擬平台進行互動，有時彼此之間沒有眞正的互動。建議要求員工不要將手機帶到會議上，或走到彼此的辦公桌面對面溝通。

四、**傾聽意見，加強在職學習和培訓**：當員工覺得對組織沒有任何影響時，可能會感到被冷落。讓他們提出新想法和參與團隊合作的決策過程。最重要的是，傾聽他們的意見，提供培訓和發展的機會，讓他們覺得自己是組織的一份子，協助員工在工作過程中找到價値。

5 — 別讓孤獨吞噬了！

5／1
有跡可循的孤獨

諮詢／**林以正**（華人本土心理研究基金會執行長）
賴德仁（中山醫學大學附設醫院身心科醫師）
撰文／**黃苡安**

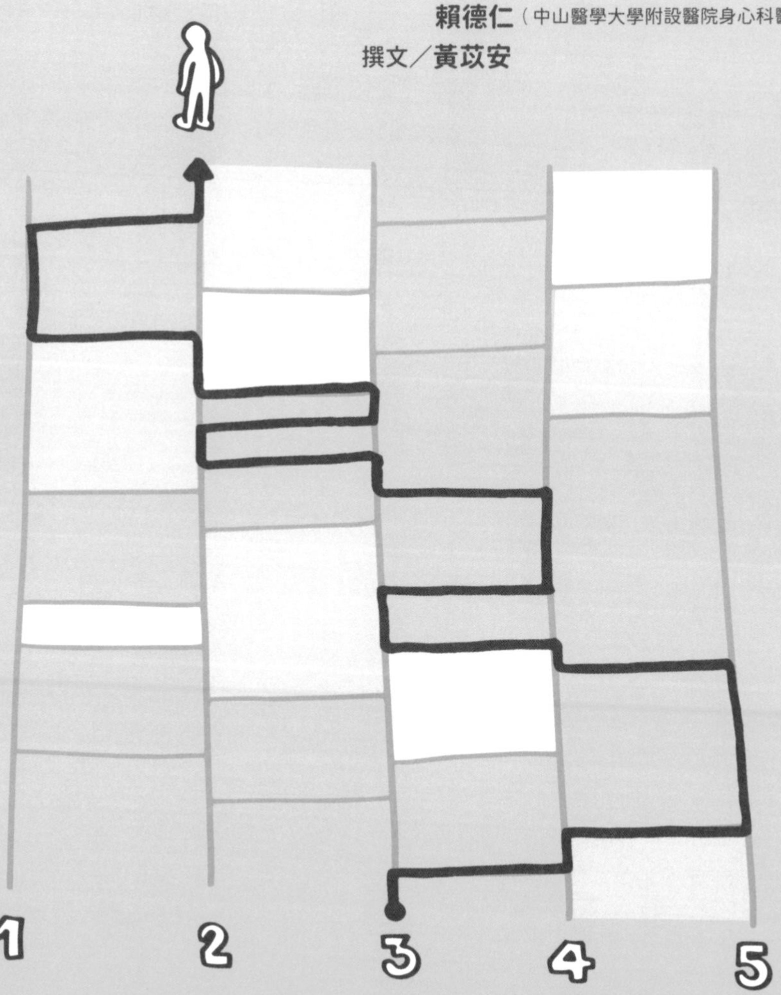

孤獨是累積還是一觸即發的感受？孤獨可以事先覺察及改變嗎？
孤獨是一個沉澱與看見的機會，就算想要排除這個負面情緒，先以不評斷的方式進行自我覺察，釐清孤獨的來源，再練習沉澱與安定。

孤獨是不分性別、種族、年齡，每個人都可能遭遇的問題，像年僅九歲的小智就有過因爲失落事件而感到孤獨的經驗。小智爸媽忙於家計，平日都是奶奶陪伴照料他，祖孫倆感情很親密，但奶奶在他國小二年級時驟逝，原本活潑開朗的他，變得沉默寡言，上課無法專心、常忘記帶作業回家，甚至出現尿床等退化行爲，爸媽忍不住斥責，小智卻說出想跟奶奶一樣死掉，爸媽驚訝之餘，帶小智到兒童心智科就診，發現他竟罹患憂鬱症。經過治療，小智恢復以往的活力及笑容，原本爸媽擔心奶奶過世會對他的心理造成陰影，但小智告訴爸媽，雖然想念奶奶，但已經不想死掉，會過得更好讓天上的奶奶放心。

小智失去心愛的奶奶，這條重要的情感連結斷了，因不被理解而覺得孤獨及引發心理疾病，所幸及時治療，否則可能對日後學業及人際關係造成障礙，進一步被誤解爲懶惰、對立，不利於自我發展。**對兒童，孤獨的傷害很深遠；對成人，孤獨除了心理危害，長時間下來更可能危害身體健康，引發中風或心**

血管、肺部疾病、代謝症候群等慢性疾病，一項於2016年英國《心臟醫學期刊》發表的研究指出，慢性孤獨者罹患冠心病和中風的機率比一般人高出29%，恐增加早逝的風險。

「孤獨非我所願，而是不得不身陷其中。」中山醫學大學附設醫院身心科醫師賴德仁指出，尤其是有社交焦慮者對自己缺乏自信、對人際相處很敏感，或自幼經歷過被瞧不起、不受父母疼愛，甚至曾遭受霸凌，以至於與人相處就是不自在，在社交場合擔心被關注，缺乏自信，不敢與人攀談展現自己。**如果年輕時就有這些問題，建議藉由看心理學相關書籍或與親友討論，了解自己的問題，以增加復原力；若力有未逮，可尋求心理諮商及精神科醫師治療，讓專家陪你一起處理問題。**

若是中年陷入孤獨，可能是事業、健康、婚姻或家庭亮紅燈，但又獨自面對，未與人分享討論內在的擔心與害怕，此時可先面對自己，自問爲什麼我會變這樣？是因爲太要求完美？對自己不夠有信心？或是曾受過創傷而有挫折感？覺察問題源頭，再尋求解決方式。

晚睡／飲食與孤獨感會相互強化

有研究指出，**睡眠及飲食習慣都會影響情緒，進而引發孤獨感**。賴德仁醫師表示，許多疾病與睡眠有關，例如躁鬱症在躁期睡眠時數顯著減少，鬱期會變得嗜睡或想睡卻無法入眠；此外，有些精神疾病發病前的潛在症狀，是以失眠、憂鬱等形式呈現。孤獨時可能日夜作息顚倒，晚上不容易入眠或睡睡醒醒，在漫漫長夜裡，更顯現內心的孤獨感。

如果不是潛在疾病引發失眠，建議養成十二點前就寢的習慣，尤其半夜十二點到二點是最重要的睡眠時間，而且每天至少要睡滿六小時，能夠睡七小時就更理想。熬夜晚睡白天腦袋會不清楚，記憶力、注意力就不好，也會影響與他人互動的能力。

一個人孤單寂寞時，容易透過吃來尋求慰藉、塡補內心空虛，因此在進食前，先問自己是眞的餓了？或只是嘴饞？爲了健康及身材著想，只拿適當的分量，細嚼慢嚥品嘗食物的滋味。也有人在孤獨時，忽略進食的需求或較沒食欲，也要小心營養不良導致免疫力下降、貧血、衰弱與肌少症等慢性疾病的產生。此外，即使不擅長交際也別常悶在家裡，**試著發掘有興趣的事物，讓生活多一點變化，別讓自己陷入負面情緒太久，否則很容易靠吃來發洩，或是越吃**

越多，導致影響自我形象與自責，如此更深陷孤獨情緒之中。

華人本土心理研究基金會執行長林以正認爲，持續地晚睡及飲食習慣很有可能是結果，而不是原因。想像我們處在一個有點不知如何是好的壓力狀態，而這個狀態已經持續一段時間，就算想要積極奮發，也會有身心疲乏的時候，沒有人能夠永遠很正面的燃燒著，在這種時候我們的生活狀態處於低谷，使得大腦會想要攝取高熱量食物，想用一些被動投入的娛樂（如看電視）等方式來紓解；倘若這時又持續處在周圍沒有其他人能夠傾訴與支持的狀況，寂寞感也會隨之升高。也就是說，**持續的壓力狀態造成情緒，情緒引發社會需求，缺乏社會支持引發寂寞感，同時也會表現出一些萎靡的生活狀態，這些因素也可能會彼此交互強化。**

網路互動的世代依舊帶來孤獨

數位科技是現代溝通互動主要工具，對於不擅使用的長輩或網路重度使用者（網路成癮），可能是產生孤獨感的原因，如何協助年長者不排斥使用3C？賴德仁醫師指出，許多年長者對於學習3C覺得很有壓力，建議有興趣再學；比較令人擔心的，反而是那些沉迷於手遊或追劇的年長者，可能因聲光效果太刺激造成心臟負擔，或久坐不動引發痔瘡，甚至玩遊戲玩到失眠，也可能導致眼睛黃斑部病變。

網路成癮的原因，年輕人和年長者截然不同，年輕人往往在現實生活中受挫，轉而從網路世界獲得信心及存在感；年長者則是社會連結度降低、生活缺乏寄託，只好玩手機或電腦消遣。建議年輕時就培養嗜好，爲人子女者也應多陪長輩外出活動，**年長者也可考慮過簡單的結構式生活，按表操課什麼時間做什麼事，讓身體與腦部都要動。**

林以正執行長表示，網路互動並不能取代眞實的人際互動來減低孤獨。人際品質的建立需要蠻長時間經營與培養，甚至還要經歷一些考驗與挫折，才能形成穩固的信任基礎。**網路人際關係比較偏向具有短暫、片面、容易斷裂等特性，這與上述所需的人際品質互相違背，所以純粹倚靠網路互動來提供社會支持，恐怕未必能達到預期效果。**

志工活動能凝聚連結與認同感

如何避免讓孤獨成爲一種經常性的感受？賴德仁醫師認爲，當志工是蠻好的方式，不僅能認識許多志同道合的朋友，擴展生活圈，有機會發揮自己原有的專長，受訓時還能學到新知識，因此適合各個年齡層，尤其是退休人士，**在服務過程感覺自己「雖然年紀大了，仍爲社會所需」，自我價值受到肯定，搭配大量人際互動，比較不會產生憂鬱情緒**。或像很多女性長輩去廟裡擦個桌子、打掃門庭，對她們就很有意義，去教堂服侍也是一種方式。

林以正執行長表示，找到一個能夠積極投入的志工活動（尤其是長期性的），會給人一種很強烈的意義感，當一群人一起共事時，更能夠將這樣的意義感，進一步凝聚成強烈的連結感與認同感，有助於排除孤獨與寂寞。但是當一個人陷落在生命的夾縫中無法跳脫出來，也會是最需要社會支持的階段，這時往往也是生活的意義感受到挑戰，比較難以建立的時候。所以要回答一個問題，**如何從意義感失落的狀態找回可以再投入的可能性，**而不能只是跟一個掉落在寂寞或憂鬱的人說：「你去當志工就會好的！」這樣的「勸告」，恐怕無助於解決困境，甚至還會造成不必要的壓力。

想加入志工行列，可以先從醫院、圖書館及宗教團體開始，年輕人可以觀察長輩喜歡什麼，幫他們媒合機會。各縣市政府也有招募志工，例如新北市爲解決高齡社會產生的照顧問題，推動「佈老時間銀行」，陪伴獨老長輩所累積的時數可永續存取，爲自己或親友儲存未來的照顧資源，在服務過程中，也學習如何照顧自己，延緩進入長照階段，達到預防性醫學目的。

運動、園藝與養寵物，都能減少孤獨感

除了志工服務，賴德仁醫師也鼓勵藉由運動、園藝活動來減少孤獨感。無論是跑步、重訓、瑜伽、騎單車等，運動可使大腦分泌腦內啡讓心情愉悅，此外，以團體方式進行的體能活動，比單人運動能帶來更多助益，研究發現，每周運動三至五次，每次三十至六十分鐘對心理健康最佳。至於親手栽種植物，看著它隨季節開花結果，感受生命歷程同樣具有療癒人心的作用；植物氣味和顏色亦能改善身心狀態，對腦部退化及憂鬱症患者尤其有效。

如果你是個內向、有點宅的人，養隻毛小孩也很加分，尤其狗狗固定要出門散步，讓你不能待在家裡耍孤僻，外出遛狗可增加與人互動的機率，進而與社會有較好的連結。而且你會從狗狗身上得到無條件的愛，不管你做什麼，牠永遠搖著尾巴，當你充滿挫折時，牠的存在彷彿給了你目標和生活意義。

林以正執行長也說，要找方式擺脫孤獨感受，可從小地方開始建立一些可以**增強內在動機的休閒育樂，培養增進勝任感的習慣，親近大自然、園藝治療等，都有「正念」的特性在內，也就是要沉澱安定，回到自身的特性。**

釐清孤獨來源，練習沉澱

林以正執行長說，人們往往認定孤獨是一個不好的負面經驗，應該盡快找到方法擺脫，但這也許是一個沉澱與看見的機會；就算要排除這個負面情緒，他主張「要溫不要猛，要慢不要快」，以不評斷的方式進行自我覺察，下列一些內在對話可能有助於釐清孤獨的來源：

- 是否因為某個情境轉變衍生孤獨感？那我有沒有適度讓其他人理解我的需求？讓他們知道怎樣來幫我？
- 是否因為我正處在壓力下，所以很急切地期待別人能立即回應，並且放大了別人與我的距離感？
- 或許是因為社會比較的訊息太強烈，讓我覺得不如人，也擔心因此不被愛？
- 或許是這些情境，引發自己從小建立的內在焦慮依戀小孩又跳出來了？

如果當下沒有人可以分享這些感覺，不妨用書寫的方式，寫下自己的感覺。承認與接受自己的脆弱，並且找到可以傾訴的朋友，是最直接有效的方法。

5／2

鍛鍊「正向習慣」，和自己的孤獨好好相處

諮詢／**陳秀蓉**（臺灣師範大學教育心理與輔導學系教授）
張本聖（東吳大學心理系兼任副教授）
撰文／**鄭碧君**

當你產生孤獨的感覺，想過怎麼和它自在共處嗎？避免孤獨成為心理無法痊癒的傷口，用5C－concordance和諧一致、companionship陪伴、community社群／社團、custom文化、communion宗教信仰當解方。

四十二歲的美芳擁有兩個可愛的孩子，一年前因先生工作關係從台北搬到南部定居，她這樣描述自己的心情：

白天忙碌的全職工作，晚上回家後還得搞定孩子的大小事，加上周末一長串待辦的家務清單，我沒有多少時間可以好好坐下來欣賞一部電影，或從事以前很喜歡的編織工藝。幾次開車下班時，看到幾個婦女一邊散步一邊有說有笑，都會讓我感到有點感傷，到我這個年紀，每個人似乎都已經有了自己的朋友群，搬到這裡之後，因為忙，也因為我根本不知道該怎麼去結交這裡的新朋友，我好想念過去那些和朋友不時約喝咖啡的時光！

和他人交流，不僅是打發時間的一種方式，對於建立幸福感也很重要。然而，無論是誰，都會經歷過孤單的感覺，儘管這是一種再自然不過的心理反應。但是當這種狀態一旦演變成長期的孤獨，就會對身心健康造成影響了。

長期缺乏連結導致的慢性孤獨，易伴隨憂鬱產生

臺灣師範大學教育心理與輔導學系教授陳秀蓉指出，**孤獨感多源自於一個人實際擁有的人際互動經驗，與其渴望的社會關係出現落差**。不過一般人多少都會面臨這種情境，「差別在於有的人可以快速找出處理方式，讓人際關係恢復到自己期望的樣子並產生歸屬感，而某些人可能會在這方面遭遇困境。」，她表示當前學者認為孤獨可分為三類主要特性：

一、**慢性孤獨**：可能因缺乏與他人相處的社交技巧、和人長時間缺乏持續性的接觸而導致，須注意可能伴隨心理健康問題。

二、**情境式孤獨**：例如離開原生國家的移民，因脫離了原本的社會連結關係，以致人際關係呈現中斷的狀態。

三、**轉換性孤獨**：大多數人在某些時間點會突然感覺到孤獨，像是一、二個小時前看電影時心情是愉快的，或是前一秒還在社交軟體上和別人密切互動，或玩線上遊戲很 High，但結束後卻瞬間有孤單寂寥的心情。

不過，她強調有時孤獨常常不會單獨存在，心理學家觀察到，**孤獨常與悲觀、憂鬱、沮喪等情緒同時出現，許多研究都發現他們之間具有相關性**，而孤

獨和憂鬱的相關性則從．38到．70都有。（編注：數字越大表示相關性越強）憂鬱症的典型特徵之一，便是內心孤單，一方面想要獲得他人關愛，同時也害怕與任何人接觸，隨著與他人互動的比例相對減少，「社會退縮」症狀會使人產生強烈的孤獨感。而所謂的「慢性孤獨」，多肇因於類似上述由心理層面導致的孤單狀態。

健康的孤獨與不健康的孤獨

東吳大學心理系兼任副教授，同時也是臨床心理師的張本聖說，薄弱的人際關係、缺乏的社會網絡、沒有朋友的孤獨（lonely），會不會成爲一個需要解決的「不健康的孤獨」問題，**應觀察這種感受是否已影響個人的大腦功能，或是造成憂鬱或其他生理與心理疾病**。他指出獨處（being alone）和孤獨（loneliness）是兩種完全不同的概念，前者是一種狀態，後者則包含了情緒。

比方說，一個人可以獨來獨往，沒有親近的朋友，能獨自度過大部分甚至全部的時間，但不會感到孤獨。或是能接受這個事實，並知道如何讓自己的人生變得有意義，繼續朝著生活目標努力，有足夠的自信，甚而能自我調侃，經常以感恩的心去面對周遭人事物；或者，可能會因爲某些事件陷入沮喪、低潮、空虛或悲傷等情緒，卻能在經過調適後重新找到自己的定位，不會因此染上酒癮或罹患憂鬱症，這是「健康的孤獨者」。反之，**不健康的孤獨者最大的特色，經常是內在無法肯定自己、看不見自我價值，也找不到方式來建立個人心理上的成就感。**

最基礎的人際關係，從「跟自己相處」開始！

當發現自己或周遭的人經常產生孤獨感，我們可以做什麼，以免對心理健康造成影響？或是導致對往後社交關係上越來越嚴重的干擾？陳秀蓉教授總結學者的建議，歸納出**「5C」解方：concordance 和諧一致、companionship 陪伴、community 社群／社團、custom 文化、communion 宗教信仰。其中又以 concordance 對經常感到孤單寂寞的現代人尤爲重要。**

所謂的「concordance」是指，當一個人和別人交流時，是否能呈現內在、外在皆一致和諧的狀態。也就是說，可以清楚知道對方的感受和想法，並且同理他的行爲與心理、情緒之間的關聯，對於拓展人際和社交互動至爲關鍵。但陳秀蓉教授表示，與人和諧相處有一個十分重要的前提：**能和自我和諧相處，亦即無論是在做任何事時，皆能專注於當下，讓自己融入在那個時刻所體驗到**

的感受，練就「獨處」的功夫。除此之外，察覺本身的情緒和狀態，覺知自己是否在某段時間內特別容易出現孤獨感、原因是什麼；同時開放接納個人發生的所有經驗，知道自己有時很ＯＫ，有時卻可能是脆弱、挫折的，然後能自我調節，從不ＯＫ到ＯＫ，再從ＯＫ到更健康的心理感受，才能了解當面對自己或是人際交往時可以如何因應。

反過來說，當一個人對於自己的狀態都無法有完整的知覺時，自然難以在與人相處的過程中，能有良好的社會知覺。研究發現，若個人的孤獨感已產生蔓延性的干擾或影響，將降低自信與對他人的信任，也無法調節自己的情感，甚而缺乏現實感，處於模糊的社會情境，亦不具有清楚判斷的能力。

發現親友有孤獨感，鼓勵對方立即說出感受未必有效

將內在的孤獨感說出來，固然有助他人理解自己，適時伸出援手。但如果本身不擅表達，又該如何開啟對話？陳秀蓉教授說，不少孤獨者不單單只有難以啟口，連面對人都會感到害怕或不自在；另外還有人要求完美性格，並不想表現出自己的孤獨，也不想依賴他人，當然也不會開口說出自己的感受。建議此時身邊的人切勿急著勸說，**應先接納孤獨者源於過往經驗而導致當下很難表**

述的現況，然後同理他，用等待和陪伴讓他慢慢觀察、感受到這段關係是不具威脅的，將有助於彼此的互動。也就是說，未必要孤獨者在當下說出自己的感覺，只要能讓他在行爲上有正向的經驗，使其與人漸漸有所連結，便能相對減輕孤獨感。

張本聖副教授也說，當孤獨已衍生爲憂鬱症時，孤獨者往往根本不願意講話，在心理諮商上常說要「傾聽」，並非只有「聽」，而是「眞誠的關懷」——協助當事者找到生活的意義，並協助他以具體的方式去實踐。

排遣孤獨，如何行動、找到正確出口？

如果孤獨感受已對生活造成嚴重影響，則不妨從以下幾個具體可行的方法來加以改善。至於脫離社會連結已有一段時間的孤獨者，則建議採取漸進式的原則逐步實踐。

一、學習自我觀照：尤其適用於汲汲營營於職場的現代人。因爲孤獨感往往來自所有的時間和心思都被佔滿，缺乏放鬆時刻，感受不到自己或他人相依相存、共同分享的愉悅。建議可嘗試練習全心全意感受當下的所有經歷，把所有負面的想法和情緒「輕輕握住」再放下。而「放下」，不一定是忘掉或丟掉；相反地，**是藉此重新檢視自己，並找到能填充自我、增強自信、解決問題**的方式。

二、參與團體：針對暫時不考慮個別諮商，或是不想表達內心想法或情緒的人來說，可連結適合的社會資源，即便只是參與講座、單純聆聽演講，都是很好的開始。也可加入如禪繞畫、園藝療法、正念減壓練習等有興趣的課程活動或團體。有時**在過程中藉著參與成員的分享、談話，發現別人也有類似的狀況時，比起聽人說「你應當如何如何」會更有效果。**

三、求助專業：當覺得自己情緒低落、對任何事提不起勁、自信心下降時，可以藉助一些問卷量表，如董氏基金會開發的憂鬱檢測APP，先了解自己最近的身心適應狀況，再尋求專家評估。假設孤獨感已經維持一段時間，代表個人在情緒調節上可能已經出現狀況，無論是過去經驗中感受比較不好的那個核心信念被啟動了，或者是目前面臨的壓力指數和人際關係出了狀況，需要找專業人士聊一聊時，台灣各縣市衛生局都設有社區心理衛生中心提供諮商服務，也可尋求其他私人心理諮商所、心理治療所或專科醫師協助，亦可撥打24小時免付費安心專線1925、24小時生命線1995或張老師輔導專線1980等電話專線諮詢。

陳秀蓉教授提醒，大部分人在身體出現割傷、破皮等微小外傷時，都會記得要立刻貼上ＯＫ繃、進行消毒等急救處理，避免傷口擴大；可是很多時候當心理有傷口時，卻放置不管的。**對於可能對心理和生理健康造成重大破壞的「孤獨」傷口，她呼籲：「只要有行動，改變就會開始發生！」**

5／3
因應孤獨的趨勢

撰文／黃嘉慈

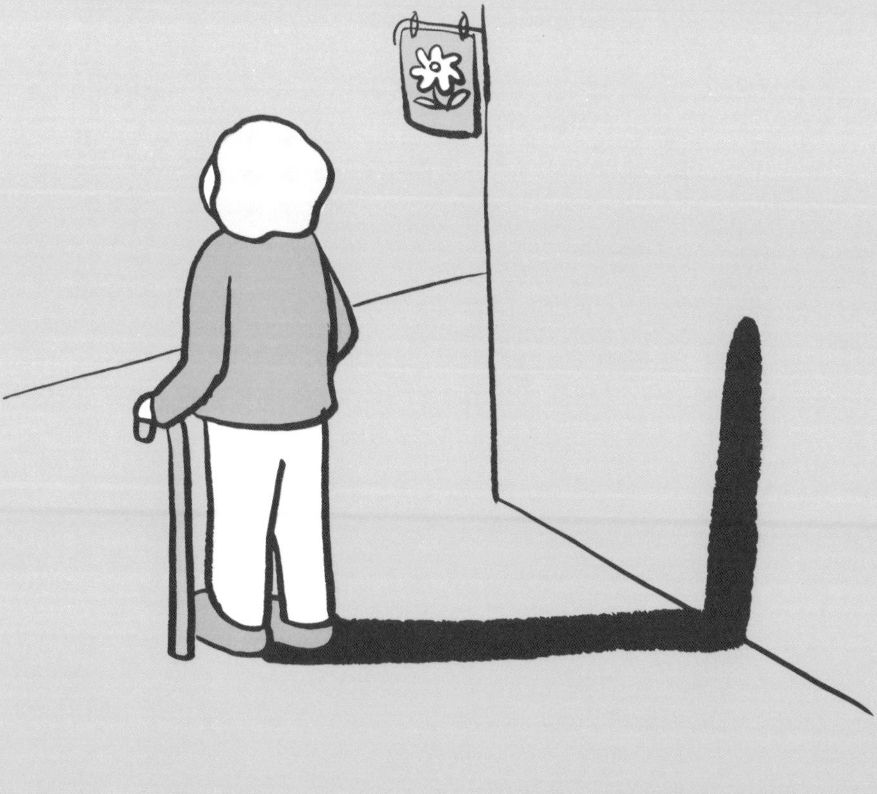

聽過孤獨大臣嗎？有什麼創意處方可以緩解大衆的孤獨？
借鏡他國的策略及方案，讓我們在陷入孤獨困境之前學會自助與助人。

「請記住，許多人需要社交圈和親密的依附感來避免孤獨；只擁有其中一項，可能仍會讓人感到孤獨。」

——作家 Gretchen Rubin

良好的社交關係有助身心健康。研究發現孤獨與早死、中風、心臟病、失智症以及諸多心理疾病有關。孤獨不僅僅影響老年人，也同樣影響年輕成人的身心健康。根據《Cigna 2020 孤獨指數》資料顯示，在美國近79%的Z世代受訪者（1997－2012年之間出生者），和71%千禧世代的受訪者（1980－1990年之間出生者）感到孤獨。然而，這些受孤獨所苦的人卻甚少向外求助。2020年《大流行的影響——社會孤立報告》指出，只有11%的成人受訪者在感到憂鬱和悲傷時會求助於專業人員。**世界衛生組織呼籲各國重視孤獨對人們健康的傷害，許多國家也明確了解孤獨不僅僅威脅到個人身心健康，其所付出的社會成本已不容忽視。**

英國、美國、澳洲和日本已分別針對孤獨現象及對社會、民衆造成的影響，提出因應策略及方案。

英國：政府與民間攜手對抗孤獨

2017年英國喬・考克斯孤獨委員會（Jo Cox Commission on Loneliness）所發布的孤獨報告指出，英國有超過900萬人（約占總人口的14%）經常或總是感到孤獨。孤獨讓許多英國人陷入憂鬱，生活在無助和無望感之中。當時的英國首相梅伊（Theresa May）表示：「對太多人來說，孤獨是現代生活的悲慘現實。」爲了解決英國社會的孤獨問題，她在2018年1月設立了全世界第一個「孤獨大臣」的職位來統籌因應孤獨政策和措施。

覺察孤獨

人們對於「孤獨」存在一些刻板印象，如：孤獨的人一定是因爲本身個性怪異、不合群，或是思想負面，沒有能力讓自己生活得更陽光、更正向等。這些**汙名化的現象讓人不願承認和面對自己的孤獨感，也影響向外求助的意願。**

2017年英國慈善機構 Marmalade Trust 率先發起孤獨覺察週（Loneliness Awareness Week），希望去除大眾對孤獨的羞恥感，能夠更公開地談論孤獨。該機構也發起「#Let's Talk Loneliness」活動，這也爲政府所採用，透過網站，匯集目標相同的組織、資源和勵志故事，讓更多人分享他們的孤獨經驗。

發揮創意，社會處方緩解孤獨

英國政府希望**透過藝術**和**烹飪**等休閒活動，**作爲因應孤獨感的非醫療介入方式**（**稱爲社會處方**）**來改善民眾的心理健康**。透過專責機構「社會處方國家學院（National Academy for Social Prescribing）」與地方機構，共同推出多項新措施，協助民眾與社區保持聯繫。社區醫師或專業人員可將深受孤獨所苦的人轉介至適合的藝術、運動或社區團體，透過活動的參與來促進人際互動、緩解社會疏離感。其中一項「聊天咖啡館方案（Chatty Café Scheme）」，即鼓勵位於城市或鄉間的咖啡館，採用「閒聊餐桌 Chatter & Natter table」，讓顧客之間可以彼此交談，鼓勵感到寂寞的居民一起喝茶、喝咖啡聊天。在新冠肺炎疫情肆虐期間，該方案也針對十八歲以上的民眾提供「一對一」的電話和網路的聊天時段，以幫助人們度過「社交隔離」的孤獨時刻。

認識孤獨，從小開始

孤獨是人人都會經歷的情緒，即使是孩子也經常要面對「孤獨」或「孤立」的挑戰。紅十字會發展出一系列與孤獨相關的方案，例如：製作影片教導孩子什麼是有意義的連結和對話（meaningful connection and conversation），提出可以用來探討孤獨的活動等，以協助教育者引導孩子了解和因應「孤獨」。

研究孤獨，建立實證基礎

英國政府持續鼓勵對孤獨進行相關研究，爲孤獨政策與措施提供有力的實證基礎，例如，國家統計局有關孤獨和焦慮症的研究；由政府贊助「終止孤獨運動（Campaign to End Loneliness）」所進行的《孤獨心理學研究》。

運用數位科技增加服務的多樣性

爲了減緩新冠病毒疫情下「社交隔離政策」所帶來的傷害，英格蘭國家醫療保健服務（NHS England）發布了「Good Samaritan」手機應用程式，讓志工透過該應用程式註冊和提供服務，如運送食物和藥品、開車送患者就醫。

美國：終結孤獨傷害

依據美國疾病預防控制中心、國家藥物濫用研究院及國家精神衛生研究院等單位的資料指出，在美國，自殺造成每年約五百一十億美元的損失；藥物濫用每年約造成七千億美元的損失；重度憂鬱症、自殺和成癮問題造成將近九千六百億美元的損失；而**「孤獨」，是導致自殺、藥物濫用和重度憂鬱症的重要因素。**

與人連結、保持社交生活

美國社區生活管理局（The Administration for Community Living）召集了來自聯邦政府、老齡化和殘疾網絡、慈善事業和各行業的合作夥伴，一同發起「承諾連結（Commit to Connect）」活動，期盼透過個人和社區的動員，一同正視和解決孤獨的問題。在美國退休人員協會所提供的網站服務中，即包括了孤獨感測試、孤獨指南，以及各地區活動等資訊。

雖說**獨居不一定會感到孤獨，但許多在「社交上」或「情緒上」感到孤立者，其身心健康可能處在高風險中**。「承諾連結」網站提供許多點子，例如分享食譜、製作相本、在手機軟體上建立家族通訊園地等，和家人、朋友、鄰居保持聯繫的方法。

此外，**鼓勵民眾透過線上平台持續參與社交性活動**，例如聆聽線上音樂會、參加線上舞蹈課程或讀書會、透過通訊軟體加入志工行列；一些故事分享平台如StoryCorps，也藉由保存和分享故事，建立人與人之間的聯繫。

持續地連結政府和民間各種團體資源，以建立一個安全網絡，讓身受孤獨所苦者能夠依自己的需要獲得支持，如24小時免費電話諮商服務、獨居老人探訪、青少年社區運動方案等。

立法提供資源、加強社交連結

爲了解決冠狀病毒（COVID-19）大流行期間老年人的社會孤立和孤獨問題，美國參議員蒂娜．史密斯（Tina Smith）提出了《2021年加強社會聯繫法（Strengthening Social Connections Act of 2021）》以協助老年人在建立社交連結和維繫健康計劃上提供緊急補充資金。

澳洲：提升公眾意識，解決孤獨問題

成立於2016年的「一起終結孤獨組織（Ending Loneliness Together）」，是一個全國性的組織網絡，他們集結各個關注孤獨議題的團體，一起解決澳洲的孤獨問題，包括老年人、年輕人、失能者等，以及工作場域中的孤獨。根據該組織 2020 白皮書指出，四分之一的澳洲人有孤獨的困擾。而在新冠肺炎疫情發生後，更有二分之一的人表示自己「更加孤單」。該組織期待透過公眾覺察和團體合作，讓澳洲長期的孤獨問題，能夠在 2030 年前減少。該組織致力於四個面向來對抗孤獨：

- 證據：**持續有關孤獨研究，爲衡量孤獨感建立強有力的證據基礎**，並找到最有效的解決方案。
- 資訊：**提供衛教**，協助大眾更了解孤獨，和學習預防孤獨感的方法。
- 影響：**監督與促請政府**和相關主事者做出有意義的改變。
- 意識：**提升公衆意識**並**倡導鼓舞人心的行動**。

近年來，澳洲政府和民間逐漸意識到孤獨和社會孤立是重大的公共衛生和健康問題。聯邦、州以及地方政府，都向地方和社區組織提供了不同程度的資金和支持，以解決社會孤立和孤獨問題。例如，澳洲政府資助了一項全國社區訪客計劃，透過志工來探望居住在看護機構或與社會隔離的家庭護理計劃使用者。這些志工以一對一的方式提供友誼和陪伴。

在日本，孤獨是長久存在的議題，它通常與「繭居族」或「極端的」社會孤立生活者」並論。此外，「孤獨死」也是日本社會無法輕忽的現象。《時間靜止的房間（Toki ga Tomatta Heya）》一書的作者小島美羽，即透過模型展示出許多孤獨死者的住處，這些人由於缺乏社交連結，往往在死後許久才被發現。另外，作家與溝通專家岡本淳子（Okamoto Junko）則聚焦於日本中年男性的孤獨，其著作《世界上最孤獨的人：日本的中年男人（Sekai ichi kodoku na Nihon no ojisan）》指出，日本中年男性的孤獨與其文化和價值有關，對這個族群而言，獨處是一種美德。由於日本語 kodoku（孤獨）這個字同時代表了「孤獨」和「獨處」兩種意涵，因此這兩者的概念經常被混淆。岡本淳子也提到，日本文化所推崇的以心傳心（ishin denshin）這種不用說出來就能理解對方意思的溝通方式，以及工作環境中的威權溝通文化，都成了日本男性與外界溝通的障礙。這些男性在退休後，往往在社交上變得更加退縮，成爲蟄居一族。不過，岡本淳子也提出警訊：目前在日本，有「社會孤立」問題的不僅是中年男性，「繭居」所產生的社會問題已跨越了各個世代，許多女性也深受其苦。

日本向來是自殺率最高的幾個國家之一，它是二十至四十四歲男性和十五至三十四歲女性死亡的主要因素。在2020年，日本約有二萬一千一百萬人自殺，是11年來首次上升。讓人震驚的是，2020年10月份裡，日本女性自殺率與去年同期相較更驟升了70%以上。這使得當時擔任日本首相的菅義偉不得不正視日本女性受到「孤立」的困境，他在2021年2月任命坂本哲志為「孤獨事務大臣」，並設立「孤獨．孤立對策擔當室」，就日本社會自殺率攀升、人民的孤寂、社會隔離等問題，做出全面性的對策。

日本社會長期將孤獨和貧窮視為個人的責任，因此，人際之間的相互支持十分薄弱。作家岡本淳子認為，**提高「社會資本」才是解決孤獨之道**。由於地方無法仰賴政府薄弱的經費，因此較為實際的作法，**是建立一個雖不緊密但能創造交流機會的微型社區**，如：咖啡館、健身房、公共浴池等場所。一個距離名古屋四十五分鐘路程的竹豐鎮，就在社區周圍設立「沙龍」，提供運動和愉快的社交活動，如：詩歌寫作和休閒遊戲等。也有十萬個俱樂部（約有五百九十萬日本老人會員）鼓勵成員透過志願清潔工作等活動，相互幫忙，為當地社區做出貢獻。目前有許多自由參加的社區咖啡館，在各地如雨後春筍般出現，提供了在地居民認識新朋友的場合和機會，這對於預防社交孤立有莫大的好處。

編輯後記－孤獨時，請想起我們

文／葉雅馨（董氏基金會心理衛生中心主任暨大家健康雜誌總編輯）

說起孤獨，你會想到哪種動物？老鷹、樹懶、獅子、狐狸、北極熊、鯨魚……？因爲疫情久未見面，及慶祝聖誕節近了，和一起編寫這本書的Iris、Grace餐敘，起勁地討論著：獨自翱翔的「老鷹」、是孤獨，還是獨立？老在樹上掛著的「樹懶」，牠的世界超慢、不曉得在想什麼，是在享受孤獨？在森林中稱王的「獅子」，有侵略性卻也保護獅群，會孤獨嗎？那隻叫聲五十二赫茲的「鯨魚」，因爲和一般叫聲十五至二十五赫茲的鯨魚是平行世界，會爲了沒辦法被聽見或回應，而感到自己是世界上最孤獨的動物？或是國家地理（NATIONAL GEOGRAPHIC）上那隻在俄羅斯北極先驅島海岸線，沿著巨石洞穴的庇護所中歇息的北極熊，虛弱且孤獨，完全顚覆了我腦海中北極態的樣子；或是那隻迷路離家三千公里的南極「企鵝」，現身紐西蘭時還被當絨毛玩偶，因爲牠實在累壞了，有長達一個小時沒有移動，直到牠的頭動一下，才知是眞的。原是群聚的牠，落單又長途跋涉，肯定是孤獨的……。

早些年開始，網路上就流傳著一份「孤獨等級表」，將孤獨分成十等級，從第一級「一個人去逛超市」、第二級「一個人去吃餐廳」……，一直到第十級「一個人去做手術」來呈現不同程度的孤獨。說起來這測量趣味性高，非眞正的評量。就有網友表示這些選項比較像是「獨立性」的陳述，也有網友說十個選項都是自己的寫照。先不論十個等級是怎麼被區分出來，這份孤獨等級表的流傳與討論，顯示了孤獨現象隨著時代潮流演進日趨普遍。

討論孤獨，有許多不同的觀點，有人認爲孤獨不全然是負面的，反而是學習覺察與面對自己內心需求的時刻；有人認爲孤獨是主觀感受，自己不認爲孤獨就不是孤獨，不會有任何影響；也有人認爲獨處、一個人就是孤獨；孤獨是不是一種疾病，也或許還有爭議。孤獨是每個人都有的情緒感受，一般情況下，我們能學著與孤獨共處，然而，若孤獨感已經延續很長的一段時間、慢性化，就要注意孤獨感對個人身心健康造成的影響了。

面對新冠肺炎（COVID-19）後疫情時代的這波孤獨浪潮，不少國家早已提出因應策略，要減少因爲孤獨感造成的社會問題，例如英國、日本設置規劃孤獨防範策略的政務官，英國的民間單位也發起「#Let's Talk Loneliness」活動，呼籲大衆可以公開談論孤獨感，去除對孤獨情緒的羞恥感。美國、澳洲等國也應用科技、線上平台與社區服務，連結獨居者，加強獨居長者與社會的互動，同時，培訓了很多志願服務者，在因應新冠肺炎疫情大流行期間，防疫封城的社交隔離措施。他們透過電話、視訊方式的傾聽與陪伴，爲許多獨居長者帶來安慰。

《和自己在一起——後疫情時代的孤獨》一書的出版，對我們來說，是提醒與關心民衆的另種方式，用淺顯易懂的文字介紹孤獨現象的發生、感染力和影響；內容也陳述了古代人、現代人、年輕人、年長者和不同性別對於孤獨的看法和定義。從他們描繪的感受及現象，或能心有同感，進而了解與探究自我因應之道。本著心理健康促進的初衷，我們採訪了精神科醫師、心理學、社會學及教育學背景等多位專家，提供如何預防或改善慢性孤獨造成的身心困擾，與建立社會連結、人際連結的方式。

多年前有一首被廣爲傳唱的歌曲：「……你總是喜歡在人群中徘徊，你最害怕孤單的滋味……當你孤單你會想起誰？你想不想找個人來陪，你的快樂悲傷只有我能體會，讓我再陪你走一回……」，這首歌詞點出了很多人對於孤獨的感覺，即使身處人潮中，仍會有孤立、沒有依靠的感覺；而我想和讀者分享的是，你並不孤獨，總是有人會與你一起，也和你有一樣的感受。如果一時間找不到可以訴說分享的對象，也不知道該怎麼辦，可以上我們基金會的網站、社群媒體例如IG、FB，我們永遠都在。

孤獨時，請想起我們。

和自己在一起——後疫情時代的孤獨

總編輯／葉雅馨
審訂／陳質采（衛生福利部桃園療養院兒童精神科醫師）
採訪撰文／黃嘉慈、黃苡安、李碧姿、鄭碧君
諮詢受訪／吳冠毅（林口長庚醫院社區及復健精神科主任）
（照姓氏筆畫順序排列）
林家興（臺灣師範大學教育心理與輔導學系教授）
林以正（華人本土心理研究基金會執行長）
陳質采（衛生福利部桃園療養院兒童精神科醫師）
陳秀蓉（臺灣師範大學教育心理與輔導學系教授）
張本聖（東吳大學心理系兼任副教授）
董旭英（成功大學教育研究所所長）
賴德仁（中山醫學大學附設醫院身心科醫師）
執行編輯／戴怡君
校潤／呂素美
編輯／蔡睿縈
美術設計編排與插畫／呂德芬

發行人暨董事長／張博雅
執行長／姚思遠
法律顧問／首都國際法律事務所

出版發行／財團法人董氏基金會《大家健康》雜誌
地址／台北市復興北路 57 號 12 樓之 3
服務電話／ 02-27766133 #253
傳眞電話／ 02-27522455、02-27513606
大家健康雜誌網址／ healthforall.com.tw
大家健康雜誌粉絲團／ www.facebook.com/healthforall1985
郵政劃撥／ 07777755
戶名／財團法人董氏基金會
總經銷／聯合發行股份有限公司
電話／ 02-29178022 #122
印刷製版／鴻霖印刷傳媒股份有限公司

出版日期／2021 年 12 月
定價／新臺幣 300 元

國家圖書館出版品預行編目 (CIP) 資料

和自己在一起：後疫情時代的孤獨
黃嘉慈，黃苡安，李碧姿，鄭碧君 採訪撰文
葉雅馨 總編輯
-- 臺北市：財團法人董氏基金會《大家健康雜誌》，
2021.12
面； 公分
ISBN 978-986-97750-8-3(平裝)
1. 孤獨感 2. 生活指導
176.52 110021766